COLLECTION FOLIO

Bertrand Belin

Requin

P.O.L

www.pol-editeur.com

Bertrand Belin est musicien, auteur et compositeur. Né à Auray en 1970, il arrive à Paris en 1989. Depuis de nombreuses années, parallèlement à une carrière de chanteur, il travaille avec le théâtre, la danse et le cinéma.

Il est très tentant, lorsqu'on rapporte des événements passés, de mettre de la clarté et de l'ordre là où il n'y avait ni l'un ni l'autre.

RENÉ DAUMAL

1

J'ai cassé une pierre grosse comme le poing à l'aide d'une pierre grosse comme une palette à la diable. J'ai placé la petite pierre sur un grand rocher de granit puis j'ai lâché l'autre juste au-dessus, à un mètre au-dessus environ. Le choc a été violent. Un bruit net comme celui d'un fouet qui claque au cirque puis des éclats qui retombent çà et là. La pierre grosse comme le poing s'est fendue à deux endroits si bien qu'elle s'est retrouvée en trois morceaux de tailles à peu près égales. Il s'agit d'une pierre en quartzite dont on peut supposer qu'elle a été formée il y a environ quatre milliards et demi d'années. On peut affirmer que depuis lors, le cœur de cette pierre, ce qu'il y a de pierre dans ce cœur, n'a jamais eu le moindre contact avec l'air environnant, avec le vent, la pluie, la peau humaine, ni avec aucune chose contre laquelle il nous viendrait maintenant à l'esprit de le frotter. Puis, pour leur faire vite goûter aux joies du dehors, j'ai jeté les trois morceaux à l'eau, dans la mer démontée. Peggy m'attendait en haut sur le sentier côtier et m'appelait à intervalles de plus en plus courts parce qu'il pleuvait et qu'il fallait que nous rentrions pour nourrir Alan dont les cris, en comparaison de ceux des goélands, semblaient appartenir à une espèce dégénérée incapable de s'harmoniser avec le monde. Je suis remonté, j'ai embrassé sa tempe humide en pensant au cœur de la pierre et nous sommes rentrés. C'était il y a six ans.

2

Nous vivons aujourd'hui loin de la mer. Après que les parents de Peggy ont été emportés, sans raffut ni effusions spectaculaires, leur maison a été vendue et nous avons acheté un appartement au centre de Metz avec la part qui lui revenait assortie d'un endettement sur vingt-cinq ans, mon âge à l'époque. Je me souviens m'être alors dit que je ne goûterais probablement jamais aux joies de la propriété tant cinquante ans me semblait être un âge indépassable. Mon père mort à quarante-huit ans ayant assez bien pris soin de moi pour que je n'ose jamais me risquer à le contrarier en le surpassant de quelque manière, y compris sur le terrain de la longévité, je me suis rapidement mis à compter les années et à me tenir prêt.

Aujourd'hui, depuis le contre-réservoir de Grosbois où je me noie, il semble que je sois sur le point de lui concéder l'avantage d'avoir vécu plus longtemps que moi. Je m'apprête, ce n'est pas gratifiant de le reconnaître, à mourir à temps. Je me réjouis beaucoup de n'avoir plus de raisons de redouter les foudres de mon ectoplasme de père. C'est probablement pour cela que me noyant, je me sens si peu valeureux. Craindre un vivant déjà ruine bien, se sentir à l'abri du courroux d'un spectre est proprement humiliant. En périssant maintenant, j'interprète parfaitement la partition que l'on m'a posée sous le nez un beau jour. Pas une année de trop. Un sablier de frousse sur le point de remplir son office bêta : aboutir à l'inerte. Je me demande s'il n'aurait pas mieux valu que je périsse durant cet hiver 1986 dans le port de Dieppe cette fameuse nuit où j'ai pêché du lait.

3

Depuis cette fameuse nuit-du-lait, jamais plus ne se sont réunies autant de circonstances favorables à ma disparition. Cela dit, la réunion de moins nombreuses circonstances suffit à occasionner une mort. Les gens meurent de manière simple souvent. On ne s'empale pas toujours au paratonnerre d'une cathédrale de faits complexes, ni ne tombe couramment du haut d'un échafaudage fébrile de données hétérogènes, surtout lorsqu'on est devenu aussi prudent que je le suis aujourd'hui. Les personnes de mon acabit meurent en glissant sur une flaque d'huile de tournesol entre deux rayons d'un supermarché ou en s'étouffant avec une crêpe et non pas décapitées par un ours ni victimes d'un règlement de compte. Pour conduire un homme à mourir, il suffit souvent d'un rien, ce rien pouvant bien être n'importe quoi. Rien comme lorsque les portes donnant sur l'ascenseur s'ouvrent sur rien. On entre comme si de rien n'était, comme on ferait un pas sur un chemin dans l'Ariège. Un trou dans le déroulement logique des événements que la confiance et l'habitude masquaient. Pour ce qui est de vivre, nous sommes toujours dans ce rapport de confiance aveugle. Alors que nous avons été informés par les journaux télévisés que cela se pouvait fort bien, nous ne tenons pas compte de la probabilité qu'il ne se trouve aucune nacelle au moment où nous nous élançons entre les portes coulissantes. S'il n'est pas saugrenu de voir dans cette attitude un reliquat de fatalisme s'exprimant dans les plis du quotidien, ce serait en revanche de l'angélisme que d'y déceler du courage ou de la témérité, ce n'est pas ça, il y a simplement dans tout cela une immense part d'inconséquence. Dans leur large majorité, les vivants s'activent sans jamais songer au pire. De cela, contre toute attente, ils tirent un grand bénéfice. La prudence, en se nourrissant de la curiosité et de l'appétit de l'homme, en cannibalisant l'esprit de celui qui vit dans la crainte et l'économie de soi, ne peut produire qu'un ersatz d'existence, une existence dont on dirait, comme d'une endive oubliée dans l'obscurité, qu'elle est « partie en tige ». Qu'une crêpe avalée trop vite vienne interrompre une existence partie en tige rappelle qu'il y a tant de variétés de périls qu'aucune espèce de prudence ne saurait durablement mettre à l'abri celui qui s'est risqué à vivre. Dans leur immense majorité donc, les vivants s'activent sans jamais songer au pire. Ils vaquent, indifférents, sans jamais penser qu'ils sont putrescibles. Mais cette indifférence de « fonctionnement » ne peut être confondue avec un désintérêt véritable pour la mort. Au bout de millions d'heures de funérailles, de jours de deuil, auxquels l'homme a pourtant bien eu à faire face, après tant et tant de malheureuses disparitions, les unes burlesques, d'autres injustes, certaines rocambolesques, souvent elles furent violentes mais aussi ridicules, souhaitées, redoutées, attendues, annoncées, cachées, spectaculaires, anodines, vertueuses, honteuses, stupides, justifiées, prétendument méritées... En dépit de siècles empesés de morts particulières, on voit avec soulagement que l'homme reste stupéfait devant la possibilité qu'il a de ne plus être alors qu'il fut. Sa finitude, il la constate d'abord à la faveur de la disparition d'un autre que lui. Mais passé cet épisode où tout lui fut révélé, il retourne à son illusion en un clin d'œil. Il faut attendre qu'il soit lui-même, et qu'il le soit clairement, dans le collimateur de la mort, pour qu'il s'émeuve enfin d'être, comme chacun, sujet au trépas. D'où vient qu'il en soupire encore et comment ne s'est-il pas familiarisé avec l'idée de sa mort assurée ? Comment diable, le reste du temps, arrive-t-il à ignorer son sinistre sort avec un tel naturel ?

De même que le voyageur satisfait de quitter enfin Angoulême ne comprend pas que c'est le train d'à côté qui est en mouvement quand le sien est demeuré parfaitement immobile, de même l'homme continue-t-il à vivre comme si cela devait toujours durer. Tout comme, un bref instant, le voyageur de la gare d'Angoulême prend sincèrement part au cours d'un événement n'ayant pas lieu (son train quittant la gare d'Angoulême), l'homme manifeste une adhésion inconsciente à un état des choses qui n'existe pas. Laissons batifoler le dupé et parions en s'en réjouissant par avance que l'illusion où il est le garde de la démence, car celui qui se trouve désillusionné, éclairé, paradoxal avantage de la connaissance, entre dans les ténèbres. Le désillusionné ne tient pas longtemps la mort en respect. D'abord il bombe le torse de sa raison, mais l'effort est trop pénible. À la fin il flanche et, sans qu'il sache précisément quand, il commence à redouter la mort. À s'éloigner des choses. À s'éloigner des choses pour se dédier tout entier à l'intendance de la crainte que lui inspire sa mort qui viendra, bien sûr, et puis sûrement trop tôt. Et comme il a le dos tourné, comme il est tout entier à l'administration de ce que l'on sait, les choses autour de lui en profitent pour changer. Les choses, je veux dire : tout ce dans quoi l'homme est plongé corps et âme. Plus rien n'est simplement ce que c'est. Tout ce dans quoi il est plongé corps et âme mue et tend à s'opacifier davantage. Alors arrive que les paysages s'éteignent, que les identités se diluent et s'estompent, que les objets soient désertés par leur valeur d'usage. Une chose est devenue une forme, une forme muette, une table est devenue une forme qui tombe dans l'infini et on la regarde faire en la maudissant tout comme on regarde faire en les maudissant toutes les formes occupées à faire ce qu'elles ont l'air de savoir encore le mieux faire : tomber dans l'infini. Comme si on voyait le néant et la stérilité dans chaque chose alors que ces choses font ce qu'elles savent le mieux faire : chuter dans l'infini. On regarde les choses comme si quelque chose ou rien était la même chose. On se met à suivre du regard le contour d'une chose et c'est un sentier dans l'insensé qui se creuse et puis se résorbe sans plus de raison, en nous laissant hagards, posés en lisière d'une présence indéchiffrable, pas plus adéquats qu'un oiseau sans bec dans le petit matin. Il est fréquent, depuis ces sommets où il périclite, que le désillusionné se sente le mieux posté, embusqué, le mieux à même de surprendre ce qui selon lui se trouve là, répandu : l'éclatante vacuité du monde. Il est évident qu'il confond ces crêtes, ces ténèbres renversées en pics où il patrouille fébrilement, avec le lieu le plus sûr d'où voir et confondre le monde sans but qui se déploie sous lui. Il oscille dans un délire, comme un alpiniste gagné par l'ivresse des cimes, entre lucidité et aveuglement jusqu'à les prendre l'un pour l'autre. Il n'est plus temps à ce moment-là de lui faire entendre raison. Les désespérés se vantent souvent d'être seuls lucides, de voir grand clair dans cette entreprise de dupe que se révèle être à leurs yeux grands ouverts l'exercice creux en quoi consiste le difficile métier de vivre. Et les autres, qui leur apparaissent comme de simples animaux, ils les observent dans toute leur dégueulasse aisance, aller d'un plaisir à l'autre, sans construire rien, juste être là sans crainte à suivre leur corps dans un dédale de chairs et de violence, d'ignorance et de joie, de joie vulgaire, pense le désespéré.

Cet après-midi, au contre-réservoir de Grosbois dans lequel je me noie, je me trouve tout près d'en finir avec ces ténèbres qui, il y a trop longtemps, m'ont voluptueusement confondu et happé. Rien ne soulage mieux de la crainte de mourir que mourir en acte. Pourtant, à deux doigts du répit, je commence à me demander si vivre de la sorte, dans la noirceur d'une conscience éclairée, n'est pas préférable à cette autre façon d'« être » qu'est la mort, puisqu'on dit bien « être mort », dont on se doute qu'elle ne promet pas grand-chose d'incontestablement folichon.

4

Aujourd'hui je me noie. Il ne s'agit pas d'une allégorie, je me noie dans l'eau verte d'un lac artificiel situé dans les environs de Dijon. Le récit exact de ce qu'auront été les quinze derniers jours de ma vie n'apporterait aucun éclairage sur les circonstances de ma noyade. Je suis entré volontairement dans l'eau, je sais nager et je ne suis sous l'empire de rien du tout, d'aucun état de quoi que ce soit. Il s'agit d'une crampe ; aucun enchaînement fatidique derrière tout ça. Comme chaque fois, une série d'événements hétéroclites ne laissant pas davantage une impression de chaos que d'harmonie a rempli les deux dernières semaines de mon existence. Nul signe d'une quelconque destinée dans ces deux semaines, pas plus de causalité que d'ordinaire. La même suite d'activités aurait tout aussi bien pu me conduire à acheter un chien, briser un tabou familial ou me brûler une cuisse ; mais allez savoir pourquoi, du tissage sauvage des fils de mon destin devait résulter que je me noierai, dans le contre-réservoir de Grosbois, dans le milieu de l'âge, au bout d'un faisceau d'événements plutôt qu'au bout d'un autre. Je me demande s'il n'aurait pas mieux valu que je périsse durant cet hiver 1986 dans le port de Dieppe cette fameuse nuit où j'ai pêché du lait. Le corps d'un adolescent sans histoires retrouvé gonflé au petit matin par les pêcheurs de Dieppe aurait offert à ceux restés vivants que la déveine des congénères passionne, une occasion meilleure de tempêter contre le sort en général. Mais apprenant le décès par noyade d'un homme dans le ventre mou de sa vie, les lamentations ne manqueront pas d'être moindres. En d'autres termes, n'ayant pas notoirement réussi mon entrée, voilà que je me trouve sur le point de bâcler ma sortie.

5

Mon entrée, pour dire les choses simplement, ne fit aucun bruit. Tout comme une unité augmente un nombre, sans aucune volonté ni conscience, j'arrivai avec ma seule mais incontestable valeur numérique pour prendre ma place au sein d'un système. La famille se trouva donc élargie, et cet élargissement tint lieu d'événement en place de ma propre naissance, elle-même renvoyée à une banale affaire biologique indépendante de toute volonté humaine et ne résultant que de l'injonction du vivant faite à l'espèce : se reproduire. Hélas, le nombre accru des membres de la famille augmenta d'autant les efforts d'intendance nécessaires au maintien du groupe que nous formions désormais au-dessus de sa ligne de flottaison sociale. Les quatre membres que comptait alors la famille eussent largement suffi à renverser la barge où ils se trouvaient perdus sur un océan de privations de tous ordres, mais il est vrai que mon arrivée facilita le naufrage. Pour autant, le groupe resta soudé dans l'adversité, aidé sûrement par une sorte de tartre sentimental, et c'est ensemble que nous gagnâmes les profondeurs et séjournâmes dans les abysses, où des années confuses nous attendaient. Pour autant, je dois admettre que mon enfance ne fut pas malheureuse. Occupé que j'étais à traquer d'infimes satisfactions, tout entier à l'édification d'une basilique de plaisirs microscopiques, sans m'en rendre compte, je me déboulonnais chaque jour un peu plus du socle familial où nous étions tous plantés comme des statues de douleur vive. Un jour parmi les autres, et sans que je m'y attende, je me retrouvai libre de mes mouvements. Cette liberté, néanmoins, devait se fonder sur un drame diamétralement opposé : la paralysie générale de mon père. Mon enfance ne fut pas malheureuse mais, c'est là un tour courant de la vie, bien des années plus tard, elle le devint.

Le centre nerveux de cette enfance, qui me lance parfois comme sait seulement le faire une vilaine brûlure, tient tout entier dans ce pitoyable soir d'hiver où je suis rentré à la maison avec onze litres de lait que je venais de pêcher dans le port et que ma mère, au bout de toute patience, décida de faire boire à mon père qui écumait mauve, le ventre blanc, étalé sur le sol comme un silure au fond d'une barque.

6

Quelles circonstances peuvent conduire un homme à engloutir d'un trait onze litres de lait ?

Je me souviens que la cascade laissa au sol une flaque importante sanctionnée par un bourrelet poussiéreux ; une île blanche sur un océan de lino gris que je dus éponger en craignant pour ma vie. Voyons l'endroit : la cuisine est celle d'un logement de quatre pièces situé dans un immeuble HLM bâti sur un ancien terrain agricole. Comme dans les quinze autres appartements que contient l'immeuble tout fraîchement livré à la municipalité, le sol est recouvert de dalles de lino gris et les murs de peinture blanche. L'immeuble consiste en un bloc de béton armé aux faces verticales rectangulaires et aux faces horizontales carrées. Un volume rectangulaire donc, comme ceux qui recouvrent la plupart des pays développés. Une pyramide en somme dont on aurait omis de nouer le haut. Un oubli aux conséquences dramatiques sur le plan esthétique mais qui se révèle profitable sur bon nombre d'autres points, en particulier sur la répartition en volumes et formes égales de l'ensemble. Pour ce qui relève du logement social et plus généralement de la construction à bas prix, les architectes ont longtemps espéré dans les parallèles. Un bloc blanc donc, percé de fenêtres, est dressé sur un ancien terrain agricole. Des lauriers de trente ans entourent l'immeuble. Les enfants, encore aujourd'hui, vont y cueillir quelques feuilles pour la cuisine.

C'est dans cet immeuble que tout s'est joué. Le lait s'est répandu. Une crue patiente et déterminée, implacable et calme. Une lave blanche arrivant pour vous sertir et vous enfouir tout doucement tout. On eût aussi dit le néant qui revenait sur ses pas, et cela, comme le spectacle d'un lac engloutissant un village, soulevait le cœur. Les choses de la cuisine et nos visages s'y reflétaient faiblement ; ce qu'on y décelait de formes faisait songer à un accident photographique.

Je suis lié à cet événement comme un chien à son piquet. Mon agitation m'aura conduit à dessiner un cercle, j'occupe ce cercle. Quoi que j'aie pu vivre depuis, je l'ai vécu depuis ce cercle. Je suis l'unique administrateur du cercle et le seul à connaître son existence. Ce cercle est l'objet de toute mon attention. Surtout, son existence ne doit pas être décelée. D'abord le cercle n'est autre que le fruit de l'événement qui l'inaugura, mais par la suite, c'est dans la rude et imbécile tâche de le dissimuler aux autres qu'a résidé sa subsistance. Il est juste de dire que la noyade à laquelle je me livre maintenant ne se déroule pas ailleurs que dans ce cercle. Après que j'aurai disparu sous la surface, dans peu, le cercle, comme les autres ondes formées par les battements éperdus de mes membres, ira en s'élargissant jusqu'à disparaître aux pieds des roseaux qui garnissent la rive nord et au sud jusqu'à la petite plage de sable gris où Peggy lit et où Alan s'active autour d'un ballon de football. Les coordonnées du cercle seront perdues, atomisées dans le microscopique, dans l'infime où se défera le remous que mon corps paniqué imprime à la surface du contre-réservoir de Grosbois.

7

Voyons l'endroit. Le contre-réservoir de Grosbois créé en 1830 pour alimenter en eau le canal de Bourgogne offre tout ce qu'on peut attendre d'un lac. Le contre-réservoir de Grosbois se présente comme un lac large qui attire l'été des centaines de familles et de jeunes gens. Leurs corps se secouent dans l'eau fraîche, ça fait du bien. Certains crient, d'autres hurlent, on rigole et tout vient ricocher à l'est contre la digue fortifiée voulue par les Allemands, pour revenir arrondi et réverbéré ; assez pour augmenter l'ensemble d'un soupçon liturgique. Les baigneurs se découpent noirs dans la fin d'après-midi. Ils alimentent la digue en vacarme en même temps qu'ils gesticulent à contre-jour. Il n'y a pas d'angoisse. Le bruit au contre-réservoir est un entrelacs d'injonctions et de rires mais c'est également l'eau qui se regagne en chuintements flasques et puis un coffre qui se referme sur la route en haut (à cette heure-là, c'est quelqu'un qui part). C'est maintenant la fin de l'après-midi. Cette année le soleil est très présent sur l'ensemble du pays et appuie encore de tout son poids sur le dos des baigneurs. Quittons les rives, grimpons, traversons la route, et voilà la forêt immédiatement. On voit qu'elle a concédé cet espace au lac et qu'elle est là à surveiller. Il y a longtemps, en place de ce contre-réservoir, la forêt s'accomplissait simplement. Puis elle a été trouée. Aujourd'hui elle borde sa blessure en silence. C'est l'endroit. C'est à cet endroit que je me noie.

La cour était fraîche encore ce matin quand nous sommes sortis. Nous avons quitté la ville par le sud comme pour aller au nouveau cinéma, et de là nous avons pris la route de Clermont-Ferrand avec en tête notre halte rituelle au contre-réservoir de Grosbois au bord duquel il est impensable de ne pas trouver un peu d'air. Et qu'y avons-nous trouvé ? Eh bien nous y avons trouvé la mort, ma mort, par noyade.

8

J'ai embrassé Peggy pour la première fois un après-midi brûlant de mai, dans le fond d'une grotte sépulcrale où, prétextant la quête de fraîcheur, je l'avais conduite. Je n'aurais jamais songé, le matin même, alors qu'une dent à bout me torturait depuis la veille, absorbant sur-le-champ toutes raisons de se réjouir serait-ce que d'un rien, jamais je n'aurais songé que la soirée pût prendre ce tour si rond et tiède ni la nuit se présenter comme ça, en amour fou, en chutes où nous allions devoir haleter puis nous rafraîchir avant de haleter encore mieux. Ce matin-là donc, une chique me poussant sur le côté, j'allais bon train, cramponné au volant, sur les routes désertes qui rallient les villes sinistrées des Vosges du Nord les unes aux autres, avec pour seule compagnie : ces palpitations infernales dans ma mâchoire et sur le siège passager, douleur moindre, le frère de Peggy, Damien, que dans une fête de mariage, la veille, j'avais retrouvé. Une vague connaissance, un collègue de l'INRAP auquel il m'était arrivé quelques rares fois de parler. S'étant montré le moins sinistre des convives rassemblés là et surtout le seul à ne pas juger nécessaire de se comporter en personne du monde, à ne pas trouver utile d'adopter un maintien présumé de circonstance, appris comme on se trouve au bas de l'échelle en regardant *Sissi* à la télévision, et qui vous donne l'air de n'être paré que de votre seule médiocrité, pour cette unique raison, j'avais décidé d'en faire mon compagnon d'infortune pour la journée qui promettait d'être longue. Je me tenais face à lui sous la lumière de rampes de néons, dans le couloir sinistre où, des bourrasques cinglantes grossies de pluie rendant la terrasse impraticable, il avait été décidé que nous pourrions fumer entre les plats, lorsque Damien, le visage blanchâtre constellé de points rouges (exactement comme le ventre de certains poissons vus sur les marchés d'Istanbul dont j'ai oublié le nom), un pied relevé contre le mur, un verre dans une main, recrachant la fumée et chassant de ses lèvres un brin de tabac, me demanda si je n'étais pas l'ex de Sandra Schmidt. Tu ne serais pas l'ex de la Sandra par hasard ? dit-il.

De la Sandra, dit-il. Ces mots, arrivant et claquant inopinément dans l'air, me firent l'effet d'une colonie de chauves-souris jaillissant d'une caverne. Il y avait bien longtemps que je n'avais pas entendu parler d'elle et je me réjouis si peu d'entendre soudain prononcer son nom que Damien nota mon embarras et, je le devinai, commença d'en imaginer les motifs. Je coupai court à ses investigations en l'interrogeant aussi subtilement que possible sur les liens qui les rapprochaient, la Sandra et lui, et je fus soulagé. La nature de ces liens ne supposait pas qu'il pût en avoir appris trop sur mon compte. Je le questionnai encore, avec autant de détachement que possible, jusqu'à ce que la politesse feinte où je me trouvais engagé me conduisît à lui demander des nouvelles d'elle. Elle était morte, m'apprit-il. Elle a glissé de la passerelle d'un bateau-mouche à Paris et s'est fait écraser entre la coque et le quai il y a bientôt deux ans, dit-il comme ça. Il ajouta que cela devait me faire plaisir puisque, et je compris à cette remarque qu'il en savait plus que je ne l'avais craint, puisque, me dit-il, tu aimes bien les squelettes. Ça devrait te faire plaisir toi qu'aimes bien les squelettes, voilà comment il le dit. Je passai sur cette remarque dont je goûtai le sel sans toutefois faire la moindre grimace puis laissai s'écouler un temps long, assez long pour lui donner l'illusion que se déployait bien en moi le sentiment requis pour ce type d'occasion, l'occasion où on vous apprend la mort d'une connaissance. À ma grande surprise cela n'excéda pas une demi-minute, temps moyen au-delà duquel, chacun le sait, le silence tourne comme un lait. Je fis valoir auprès de Damien qu'il était curieux que personne ne m'ait prévenu, que sa mère ne m'ait pas prévenu. C'est curieux que personne ne m'ait prévenu, que sa mère ne m'ait pas prévenu, lui dis-je. Je lui demandai une cigarette, la roulai tête baissée puis lui demandai s'il y avait du monde à l'enterrement. Pas trop non... Enfin ça allait, c'était pas la honte non plus, déclara-t-il. Ensuite je voulus savoir dans quel cimetière la Sandra avait été enterrée et Damien m'apprit qu'il ne le savait pas, qu'il n'avait pas assisté aux funérailles. Il n'est pas allé aux funérailles de Sandra Schmidt, me dis-je. Cette dernière information me rassura et j'en conclus que Damien n'était pas si intime avec elle et, certainement, ne devait pas en savoir trop sur mon compte.

Sandra m'a dit que c'est toi qu'avais entreposé les deux cents Méros dans sa grange, me dit-il en levant un sourcil. Je pris un air stupéfait et interrogateur d'où devait poindre une note assez pitoyable de malaise pour que Damien n'ait pas le cœur de m'y laisser blanchir. Immédiatement il ajouta qu'il n'avait jamais cru Sandra. Remarque, je ne l'ai jamais vraiment crue, dit-il comme ça. Mais quand même, sentant qu'il jouissait d'un certain avantage, celui qu'il s'était construit en devenant dans ce couloir le spectateur privilégié d'un trouble que je ne réussis pas à lui masquer entièrement, et faisant rapidement le calcul du bénéfice qu'en me confondant, il ferait en amitié et en complicité, soucieux en somme de sceller nos destins en s'emparant de mon secret, il risqua : allez, c'est vrai cette histoire ? C'est toi qui aurais les Méros ?

Deux cents squelettes mérovingiens provenant de la nécropole de Saint-Germain avaient disparu des sous-sols de l'INRAP un soir de Noël. *Le Républicain* avait titré : « INRAP, quatre cents mérovingiens s'en vont réveillonner ailleurs ». Le bruit a couru que cela puisse être moi. Ce qui motiva ce vol de macchabées ? Je n'ai jamais vraiment pu me l'expliquer. Sur le moment cela me parut fondé mais il est vrai qu'aujourd'hui je ne sais plus. En réalité, ces squelettes, c'étaient des restes humains mélangés provenant d'une nécropole mérovingienne en attente d'inventaire, une trentaine de curvers contenant chacun de cinq à huit individus. Il n'y avait pas un crâne pour chacun par exemple, ni un bassin.

Quelque chose me faisait tourner la tête lorsque je passais devant les rayonnages au sous-sol de l'INRAP. J'entendais comme un bruissement, un appel plaintif et vibrant émaner de ces caisses bleues. Je savais aussi que ces Méros ne représentaient aucune valeur aux yeux des spécialistes du service, et que ce n'était pas la première nécropole à être découverte et étudiée dans la région. Personne n'aurait l'intention de manipuler tout ça : clavicules, péronés, dents, mâchoires, ulnas, radius... Du boulot pour les étudiants en stage. Le soir de Noël je les ai volés. Pas moins de cinq voyages en voiture ont été nécessaires. J'ai fini à quatre heures du matin. Les nuits qui ont suivi, je les ai passées à répertorier minutieusement chaque os, à la lumière de ma lampe frontale en fumant cigarette sur cigarette et en vidant des litres de bière. Je ne sais pas exactement où je voulais en venir. Sandra me donnait un coup de main de temps en temps. Elle s'asseyait en face de moi, glissait six ou huit fémurs de petite taille sous l'élastique de sa lampe et une fois en place cette sinistre coiffure comanche, fumant elle aussi comme un pompier, elle commençait à manipuler cette poussière, ce bric-à-brac humain en marmonnant comme une tisseuse des bribes de mélodies inventées. Ces petits fémurs étaient probablement ceux d'une poignée d'enfants morts de faim ou de maladie. Je me doutais que cela ne lui porterait pas bonheur. Une fois, le chien de ses parents s'est enfui avec une vertèbre. J'étais furieux. Plus tard j'ai dû enterrer tout ça loin de la maison. Souvent je pense à la vertèbre emportée par ce stupide beagle. La vertèbre manquante. Je l'imagine flottant dans l'air, tournoyant sur elle-même.

Tu peux me le dire si c'est toi qu'as les Méros, reprit Damien me voyant songeur. Sortant brutalement de l'abattement où m'avait plongé le souvenir de ce scabreux épisode de ma vie, je lui répondis d'un rire franc suivi d'un secouement latéral de la tête qui lui donna l'assurance de mon innocence en même temps qu'il faisait le rappel de ce que Sandra put avoir d'imagination fantasque.

La conversation fut interrompue par le son d'une voix dans une sono. Nous regagnâmes nos places à table. Au micro, le père du marié tâcha d'être spirituel. Passé ce douloureux moment que quelques applaudissements forcés conclurent, arriva le dessert : un baba au rhum. Mon voisin de table, suante protubérance coincée dans un trois-pièces qui avait déjà dû marier pas mal de monde, vraisemblablement inspiré par cette pâtisserie apparue devant lui, m'infligea alors le récit bourratif des parentés et des liens divers qui lui valaient d'être là aujourd'hui à se goinfrer de baba. Une cascade de noms et de prénoms dont aucun ne m'était connu sortait de sa bouche gonflée et luisante. Puis, hésitant soudain sur le prénom d'un oncle, il finit, au détour d'une phrase dont je n'avais pas écouté un traître mot, par m'affirmer qu'il s'agissait bien de « Norbert » avant de déclarer, sans entendre la si terrible vérité dans sa propre bouche : « Enfin peu importe. »

À minuit les vieillards et les enfants étaient partis. Le vent et la pluie avaient cessé. Damien et moi étions assis sur le bord en pierre du monument aux morts dans le milieu du jardin qui sépare la salle municipale de la route de Gorze. De temps en temps une voiture passait et ses phares envoyaient nos ombres par les fenêtres jusque sur les danseurs. La musique enflait au rythme des entrées et sorties, des éclats de voix claquaient soudain dans l'air frais. La conversation porta sur un des invités, Losson, un médiéviste que nous n'avions pas revu depuis sa miraculeuse et inespérée mutation à Nancy, mais que nous connaissions tous les deux, ou plus justement avions connu tous les deux aux services de l'INRAP, l'année de notre arrivée, cinq ans auparavant, et qui avait passé la soirée à nous mettre de grandes claques dans le dos en hurlant nos surnoms d'alors. Alors le veau ! On fait son bourgeois ? On vient pas danser ? C'est pas pour lui la danse le veau ! Ça danse pas les topos !

D'abord mon nom, « Blanchet », avait donné « blanquette » puis enfin « veau » suivant l'ordre des déductions collégiales orchestrées par Losson dès le jour de mon arrivée à l'INRAP. Il faut signaler qu'en qualité de topographe, en plus de mes attributions ordinaires, je dois m'acquitter aussi d'une tâche rattachée à ma caste : souffrir (non sans la fantasmer en bonne proportion comme le pense Peggy) de l'arrogance d'une élite diplômée, spécialisée, d'historiens et d'archéologues auxquels il est d'usage de soumettre sans poser de questions ses compétences moindres et sur le champ de réflexions desquels il est si malvenu de s'avancer. Losson donc, représentant si impeccablement cette engeance, trouva mon surnom professionnel : Le Veau. Épuisé sûrement par les efforts mis en œuvre pour mon baptême, Losson parla et Damien écopa de « Dada », ce qui ne le gêna nullement puisqu'on l'appelait ainsi depuis sa naissance et que le prénom de son frère Pierre, en charge à l'INRAP de l'entretien du matériel de prospection, digne à ce titre de l'attention exceptionnelle de Losson, ayant subi le même type d'aménagement, avait offert un résultat dont le ridicule prenait toute la place sur les chantiers de fouilles comme aux bureaux.

« Une chance que tu ne te sois pas appelé Carlos », ricanait-il encore aujourd'hui au mariage de Maude Thomas, une autre collègue de l'INRAP. Discrète et gentille personne qui, bien que nous n'entretenions que des rapports professionnels, et du reste fort peu fréquents, eut la bonté de m'inviter à son mariage, pensant sûrement qu'un garçon comme moi passerait le week-end seul à se morfondre et n'étant de plus pas assurée de réunir assez de convives pour une belle fête dans le champ strict de ses relations plus intimes. Je lui fus tout de même reconnaissant de cette sollicitude arithmétique. Et puis il n'était pas saugrenu, comme elle le fit, de postuler que mon week-end eût pu se dérouler fort tristement.

Assis sur notre monument aux morts, aux morts de la Grande Guerre, sous un bas-relief de ciment à demi effondré montrant le reste d'un bataillon de poilus au combat, Damien continua à me parler d'anciens camarades de boulot dont je peinais à me remémorer les visages. Par fatigue autant que par ennui, je me contentais de répéter leurs noms juste exhumés, plusieurs fois de suite, pour donner à Damien l'illusion d'un sondage assez sérieux de ma mémoire. Mais depuis déjà quelques heures, mon attention était exclusivement tournée vers Peggy, que Damien m'avait présentée comme étant sa sœur et désignée plusieurs fois de la main au cours de la journée sans que jamais ne me soit donnée l'occasion de lui parler. Depuis notre monument aux morts, je la suivais des yeux qui entrait et sortait de la salle des fêtes, les bras chargés de fleurs et de cadeaux. Ce soir-là, longtemps après que les derniers néons de la salle des fêtes eurent bien refroidi, je me retrouvai chez elle où il avait été décidé que nous nous rendrions, au bout d'un conciliabule plein de rebondissements tenu sur le parking de la salle des fêtes plongé dans les ténèbres, où les voix et le bruit des portières, comme des lueurs, piquaient l'obscurité.

En arrivant chez elle, Peggy multiplia les recommandations en nous faisant de courts et rapides gestes cependant que nous envahissions bruyamment le salon. Il y avait là une quinzaine de personnes. Durant les va-et-vient de notre hôtesse, les conversations avaient repris et la fumée était déjà épaisse lorsque Peggy put enfin venir se poser avec nous. Elle vint s'asseoir avec une bière fraîche à la main. Je n'avais pas cessé un instant de l'observer. J'aimais déjà follement son rire doré aux ondes rondes qui réveillait en moi le souvenir de Danaé recevant une pluie d'or, telle que Gustave Klimt l'avait représentée et dont je possédais une copie imprimée achetée lors d'un de mes premiers passages à Paris lorsque j'avais seize ans, au retour d'un voyage éprouvant à Annecy sur lequel je reviendrai. Elle portait un pantalon droit bleu marine en lin tissé très serré et parfaitement ajusté à ses hanches. De taille modeste, elle semblait pourtant longue et haute. Des os fins se devinaient aux poignets et aux clavicules. Bien que remarquablement récentes, en comparaison de celles mérovingiennes qui m'occupèrent des nuits entières, j'allais adorer embrasser ses clavicules.

Sa bière claqua sur le dessus de verre de la table basse. Tu as vécu un enfer, non ? Je ne crois pas t'avoir vu danser. Moi c'est Peggy.

Avant que je ne prenne la parole, avant que j'aie le temps de me présenter à mon tour, elle s'était levée et enfuie vers la porte d'entrée où quelqu'un frappait, semble-t-il, depuis un bon moment. Je restai là assis, évitant de prendre part à la conversation voisine en attendant son retour. Hélas, nous n'eûmes ce soir-là qu'une seule autre occasion de nous parler. J'en fis un piètre usage. Je ne sus lui parler que de ma dévorante passion : l'archéologie. Il ne fut question que d'archéologie. Elle manifesta d'abord une généreuse attention qui se mua sûrement en civilité puis en politesse avant de s'installer en ennui véritable. Je déroulai devant elle de longs serpents de connaissances d'une voix incongrûment exaltée où se devinait (je le sentis en parlant), avant toute autre chose, la crainte d'ennuyer. Dès qu'elle en eut l'occasion, elle feignit d'être contrainte d'offrir son attention à d'autres invités, sous d'autres tropiques. Sur le moment je fus vexé comme huître sous une douche de citron et me renfrognai si bien que je dus m'éclipser brusquement, prétextant les battements dans ma dent rincée. C'est en me maudissant que je rentrai chez moi ce soir-là. J'avais été ennuyeux, égocentrique et collant. Pourtant, alors que je roulais dans la nuit profonde, mon téléphone se mit à vibrer. C'était Damien : « Pique-nique demain, ma sœur t'invite. » Je n'avais donné mon numéro à Damien qu'au bout d'une longue hésitation, craignant je ne sais quelle intrusion de sa personne dans ma vie où la camaraderie avait perdu tout intérêt au profit exclusif de ma récente passion : l'étude de la période paléolithique.

Le lendemain matin, après avoir recueilli auprès de Damien les précisions pour le pique-nique, je découvris avec excitation que le rendez-vous était donné au pied du Rudemont.

Le Rudemont, autrement dit : le mont rude à grimper, est répertorié comme une des stations préhistoriques les plus importantes de Lorraine. Bien que je répète partout que la période néolithique n'a que peu d'intérêt à mes yeux, j'y passais presque tous les week-ends à prospecter avant qu'il ne devienne trop rare d'y faire la moindre trouvaille. Outillage lithique taillé et poli, haches, poignards, armatures de flèches triangulaires et pédonculées en chaille, broyons en quartzite, polissoirs, meules et quelques fragments de poterie ; j'y ai trouvé quantité d'objets. Un supermarché néolithique à ciel ouvert. Il est d'ailleurs devenu si peu gratifiant de préciser, lorsqu'on montre sa collection à un ami un tant soit peu concerné, qu'elle provient du Rudemont, que j'ai inventé l'existence d'un site connu de moi seul, duquel j'aurais extrait ces objets mobiliers, et dont, « tu comprendras », je garde jalousement les coordonnées. Pour ne pas perdre la face, il a fallu plusieurs fois que je parte semer la veille quelques pièces de silex dans un pauvre sous-bois parce qu'un soir, trop saoul, et bien que fausse, j'avais tout de même vendu la mèche afin d'extraire, au crédit de mon récit, le peu de substance de vérité qu'une telle confidence pouvait recéler. Il m'arrive de penser sérieusement à semer de nouveau tout ça là-bas pour de bon. Il faudra que je fasse ça la nuit.

Le rendez-vous, donc, était donné au Rudemont. M'étant juré de ne reprendre à aucun prix le fil de notre conversation de la veille, qui l'avait laissée exsangue, j'arrivai bien décidé à ne faire part ni à Peggy ni aux autres convives de l'existence de ce site préhistorique, craignant encore de me laisser emporter dans un fleuve de dates et de termes consacrés, un de mes bientôt tristement célèbres monologues que Peggy, avec humour, allait baptiser : « Tes bruits de bouche » : « je crois bien que tes bruits de bouche ont saoulé ma sœur », « je ne suis pas certaine que Paul soit passionné par tes bruits de bouche ». Épaulé dans mon vœu de silence par cette douleur aux dents pas moins vache qu'un massacre de dauphins, je réussis à me contrôler le temps que dura l'ascension du Rudemont. Trois cents mètres d'un chemin pentu et rocailleux serpentant entre les avoines sauvages et les jeunes pousses de chêne. En haut, en passant devant le site fouillé en 1920 par Bellard, où furent découvertes les traces nombreuses de l'exploitation d'un gisement de silex, je manquai de flancher. Je savais que la moindre petite remarque à ce sujet risquait de m'entraîner dans un torrent grouillant d'approximations et de contradictions, d'entorses chronologiques et de mensonges chiffreux, mais je savais aussi que ma pratique amateur remarquablement désordonnée ne pouvait pas risquer de s'exposer à un autre public qu'à celui-ci, dans lequel ne se dessinait qu'une simple disposition à se laisser distraire sans broncher. J'ajouterai que les occasions sont toujours rares pour moi de me retrouver sur un site archéologique entouré de la sorte. J'ai souvent autour de moi une équipe entière d'archéologues dont les compétences, l'érudition et les diplômes font sur moi une telle impression, exercent sur moi une telle pression, que je ne me risquerai jamais à faire le moindre commentaire d'allure corporatiste. C'est pourquoi aujourd'hui encore, après la journée ou la semaine de travail sur le terrain, et bien que Peggy ne soit plus aussi crédule et attentionnée qu'au début, je déverse en rentrant à la maison les flots de paroles entendues sur la fouille dans la bouche des spécialistes en prenant soin de les faire sembler miennes. Je ne m'en vante pas. Je ne doute pas que Peggy, dont l'esprit est si aiguisé, ne puisse prendre mon autorité scientifique pour autre chose que ce qu'elle est : un produit cosmétique. Le numéro de claquettes d'un foutu. Mais je suis emporté dans un unique sens creux et je n'ai rien d'autre à offrir comme apparence. Peggy, en feignant de me croire le dépositaire d'autre chose que d'un vent sentencieux boursouflé d'adjectifs et de noms rutilants, Glyphe, Fanum, Hypocauste, Moustérien, et autres Pétroglyphes, elle aussi marche à côté d'elle.

Cette fois, passant cette bosse de terre couverte de végétation dont moi seul eusse pu prétendre connaître les secrets, je ne flanchai pas. Peggy ne m'adressa pas la parole de la journée mais, comme elle me l'expliquera plus tard, voyant que je ne me décidais pas à partir, elle s'organisa pour être parmi les derniers à redescendre le Rudemont. Vers la fin de l'après-midi, alors que nous n'étions plus que cinq à profiter des largesses du soleil de mai, allongés sur le flanc ouest qui reçoit en plein les rayons rasants de dix-huit heures, je lui demandai si elle voulait que je lui fasse découvrir une chose épatante. Peggy, veux-tu que je te montre quelque chose de dingue ? lui demandai-je. Quelque chose de dingue ? Ici ? interrogea-t-elle. Quelque chose de parfaitement dingue, oui, et si tu veux que je te le montre, c'est ici à deux pas. Allez ! Elle chanta « allez » en chassant à gestes rapides les débris d'herbes et de feuilles collés à ses mollets.

Je m'approchai d'elle et lui tendis la main. Elle s'en empara avec une franchise qui me parut être si clairement le signe d'un désintérêt complet pour ma personne que mon cœur s'emballa devant cette évidence : Peggy ne m'aimerait pas en retour. Je l'aidai à se relever sans oser la regarder, le cœur manquant d'exploser dans la poitrine, le visage tourné vers la pente, et puis je lui fis signe de me suivre d'un coup de tête sur le côté qui, pensais-je quelques instants plus tard, avait cruellement manqué de naturel. Nous montâmes en silence les quelque cent mètres qui nous séparaient du plateau. En haut, nous aperçûmes un renard blessé qui s'enfuyait péniblement vers l'orée d'un petit bois qui faisait au sommet du Rudemont comme une touffe de cheveux sur une tête. Puis ce fut une gerboise qui se carapata dans les fourrés à bonds rapides. Nous traversâmes le plateau pour rejoindre le flanc est, sans nous parler, et arrivâmes en surplomb d'une faille formée il y a trente mille ans par l'effondrement d'une partie basse de la butte. C'est dans cette diaclase par la suite aménagée en grotte sépulcrale avant d'être longtemps utilisée comme dépotoir que Christine Guillaume fit en 1978 la découverte de sept sépultures du néolithique moyen. Un cimetière, donc, puis une décharge.

Je veux descendre dedans, on peut descendre dedans ? me demanda Peggy. On peut… Et puis ça nous rafraîchira… Mais il faut sauter là… Au-dessus du trou… Après on passe par là… À droite… Et on rejoint le niveau du sol de la crevasse… Tu veux sauter ? Bien sûr que je veux sauter ! Je peux sauter, m'assura-t-elle. C'est parti ! Voilà ce que je trouvai à dire, et puis encore : ça va nous rafraîchir un peu !

Je sautai le premier et me retrouvai sur une sorte de terrasse de granit posée sur le vide de laquelle on pouvait voir le pays se répandre vers le sud-est en direction de Pont-à-Mousson, dont les collines, au loin, forment la ligne d'horizon. Peggy m'y rejoignit et nous restâmes un instant à profiter du paysage immense qui s'ouvrait devant nous. Dessous, les pentes blondes se déroulent jusqu'au creux de la vallée, jusqu'aux rives du Rupt de Mad, fin serpent d'eau claire qui se coule en douceur dans la Moselle tout comme s'y noie la Gorzie, quelques kilomètres en aval. À droite, une retenue d'eau réfléchit le soleil, une large écaille de mica déposée en plein champ et bordée au sud par la voie de chemin de fer Paris-Metz. Cette voie de chemin de fer se prolonge ensuite vers l'est suivant le Rupt de Mad. Elle scinde le paysage avec une précision remarquable et suspecte. Les trains vus d'ici ont l'air de jouets d'enfant. Sur cet îlot rocheux, n'osant pas nous tourner l'un vers l'autre, nous laissâmes s'écouler de longues secondes avant de poursuivre notre exploration et d'entrer, après une série d'acrobaties qui me permirent de reprendre sa main dans la mienne, dans la grotte sépulcrale où nous attendait une fraîcheur vivifiante.

Alors voilà… Je me lançai. Imagine-toi, il y a cinq mille ans vêtue de peaux de bêtes… À mesure que je m'enfonçais dans les détails de mon récit, nous nous approchions de l'extrémité de la crevasse et l'espace se faisait de plus en plus réduit, la lumière de plus en plus faible. Au bout de quoi nous nous sommes retrouvés serrés l'un contre l'autre, puis noués. Arrivé dans cette sorte de nuit minuscule et fraîche, plaqué contre ses seins et son ventre, j'éprouvai en un instant un désir irradiant, douloureux et délicieux à la fois, et une ivresse indescriptible m'établit en fou d'elle. Elle se montra d'abord méthodique et cérémonieuse mais dans ce peu d'espace, cela ne pouvait durer et je la sentis rompre. Nous n'étions pas sans peur, loin de là. Devant la hauteur de ce précipice insoupçonnable où nous allions maintenant devoir nous jeter, estomaqués, nous marquâmes une pause. Mais ce ne fut que pour reprendre encore plus vivement. Nous roulâmes sur le sol humide et froid, et au bout de peu nos coudes heurtant tour à tour les parois de granit se mirent à saigner. Je vis cela. Elle me frappa un moment mais je compris qu'il n'y avait rien d'autre à faire, que cela passait dans son corps trop juste et demandait à sortir. Passé un long désordre de gestes et de baisers, nous nous retrouvâmes nus, enveloppés de parfums puissants de tourbe et de racine. Au bout de quelque temps, de sa peau moite montèrent ces trésors de lys, d'ambre et de bois qui allaient emplir ma vie. Le goût de sa bouche, jusqu'à manquer d'air je m'efforçai d'en deviner les arômes : terre, sang, fer, orange. Des trains passèrent, trois ou quatre. Une heure plus tard environ, son visage tombé dans mon cou, ses lèvres trouvèrent une veine qui palpitait. Elle embrassait longuement cette veine, hors d'haleine. Parfois cela faisait un peu mal. Nous reprîmes notre souffle, cependant que nos mains continuaient leurs propres jeux et leurs propres chasses, en cavalant comme des lionceaux. S'intensifiant, progressivement le froid nous extirpa d'un paradis de murmures et de rires. La nuit était tombée lorsque nous redescendîmes le Rudemont.

Cet après-midi, placé devant la douleur immense que ma noyade actuelle lui occasionnera bientôt, douleur que par amour je redoute de lui infliger tout en espérant confusément, par amour toujours, qu'elle ne lui soit pas épargnée, je me demande s'il n'aurait pas mieux valu que je meure durant cet hiver 1986 cette fameuse nuit où j'ai pêché du lait.

9

Aujourd'hui je me noie. Il faudrait pour me tirer de là que je ne manque pas à ce point de ressources musculaires. Or, bien qu'ayant toujours redouté de me trouver en situation de péril avec le peu de force que la nature m'a accordé, jamais l'idée de faire du sport ne m'a effleuré l'esprit. Au contraire, cette ration symbolique de vigueur que la naissance m'a donnée, je l'ai rognée avec application, voyant dans la culture du muscle la négation pure et simple de l'intelligence ; augmenter son corps pour augmenter son pouvoir, la profession de foi de n'importe quel cancer. Ce bien peu de vigueur, je l'ai entamé à coup de nuits blanches et bruyantes, sans compter. Et bien que je n'en sois muni qu'en proportion utile à un strict usage personnel, force est de constater que ce n'est pas l'intelligence qui me fait défaut cet après-midi mais bien les muscles. Mais je continuerai de penser (plus pour très longtemps semble-t-il) qu'il est préférable de contracter un cancer que d'en être un soi-même, simple question de dignité. Néanmoins, je dois confesser que la difficile tâche de mourir à laquelle je vais devoir immédiatement m'atteler me ferait presque revoir ma copie. Je sens bien que si m'était accordé le miracle de mon sauvetage, je m'inscrirais sur-le-champ à la gym.

Une crampe à la jambe droite et c'est la mort. De même que la mort, chose simple s'opposant à la vie mais qui lui donne tout son lustre, peut, afin d'en finir (d'en commencer ?) avec un homme, trouver dans l'eau un formidable outil pour sa minable entreprise, de même trouve-t-elle dans l'air un moyen fiable dès lors qu'il faut en finir avec un poisson. On peut faire de mauvaises rencontres à chaque instant. L'homme n'aime pas se retrouver sous l'eau trop longtemps. Pas davantage un poisson ne goûte à la douceur d'une moquette. Cela vaut bien sûr pour les objets. Pour le verre, le sol est la surface redoutée. Un verre sur une table ne peut trouver de situation plus risquée. Je parie qu'un verre est plus en sécurité dans la main d'un ivrogne que sur une table. Le verre est un objet en sursis. Il est à la lisière. Sa situation est critique, plus ou moins. D'ailleurs, lorsqu'on le manipule, c'est avec une attention particulière. Exactement comme s'il s'agissait d'un mourant ou d'un nouveau-né.

Pour l'homme, la chute de toute chose, depuis l'avion jusqu'à la rondelle de tomate, constitue un événement catastrophique. L'avion qui tombe emportant dans sa dégringolade des centaines de passagers occupe le rang de catastrophe traditionnelle en ce sens que le rapport désolation-perte est bien équilibré : on se désole à hauteur de la perte, c'est-à-dire beaucoup. Il en va de même pour la chute de la rondelle de tomate : on se désole à la hauteur de la perte, c'est-à-dire peu. Pour un verre, pour la chute d'un verre, c'est autre chose. Ce rapport est bancal. Nous sommes démesurément désolés de voir se briser un verre, serait-ce un simple verre à moutarde. Si le choc au sol ne produit pas son éclatement, cela est du reste perçu comme un miracle. Il se trouve que l'éclatement d'un verre au sol est la plus courante occasion de confronter un homme à une explosion. Dans son environnement quotidien, et à une échelle perceptible pour lui, rien ou presque rien n'explose. C'est probablement l'explosion qui déséquilibre le ratio désolation-perte dans le cas de la chute du verre. La chute d'un verre suivie de son explosion est un phénomène que l'on pourrait qualifier de « mignonnette astrophysique » : énergie gravitationnelle conduisant à la densification de la matière puis explosion. Partout de ces mignonnettes, partout des catastrophes de peu. Nous sommes entourés de lieux et d'instants où il ne serait que justice de surprendre une commémoration. Le caractère catastrophique d'un événement réside dans le fait qu'il remet en cause la pérennité de ce qu'il vient interrompre et qui semblait acquise. On voit bien ce que c'est pour l'homme qu'une catastrophe. Mais considérons qu'une averse de rien, qui nous rafraîchit, emporte par centaines de milliers les petites fourmis et nous découvrons que le monde est un réseau de catastrophes de tous ordres, se déployant à toutes les échelles : le bout d'un quai, la fin d'une espèce, le pourrissement d'un fruit, l'espace vide disparu au profit d'un arbre ou d'une gare routière, le feu dans une prairie, un pas dans l'herbe…

Le passage de vie à trépas est une discipline qui ne laisse pas l'homme indifférent. C'est la catastrophe de l'homme, sa plus grande catastrophe. Je dis discipline car il me semble que comme le saut à la perche, cela demande un entraînement ; une consciencieuse préparation physique et psychologique dont le plus difficile aspect reste encore qu'il faille l'accomplir dans le secret afin de ne pas ennuyer ses congénères avec des choses tristes. Cela est d'autant plus regrettable qu'il est clairement établi que face à la mort, l'absence de préparation donne d'aussi bons résultats. À moins d'en avoir confié l'administration à quelque religion qui proposerait ce type de service (et cela ne garantit en rien qu'il ne faille pas y mettre tout de même un peu du sien), chacun se débrouille donc avec sa propre catastrophe. On ne peut pas y penser. Il faut aller de l'avant. C'est exactement dans cet état d'esprit que Peggy, Alan et moi-même avons pris la route ce matin pour Clermont-Ferrand avec en tête notre halte balnéaire annuelle : le contre-réservoir de Grosbois où nous ne doutions pas de trouver, après trois heures de route sous le soleil, un peu de fraîcheur et d'air. Mais qu'y avons-nous trouvé ? Ma mort, ma terrible mort à moi le noyé.

10

Maintenant je me noie. Avec ce qui me reste de membres en exercice je ne parviendrai pas longtemps à me maintenir en situation de respirer. D'autant que je panique et lutte, m'agite plus exactement, de la manière la plus inefficace qui soit. C'est donc bientôt la fin, la fin de l'angoisse. Bien que j'aie toujours su que mourir arrivait aux gens, je n'ai jamais cessé d'entretenir le secret espoir de me voir exempter de cette corvée populaire. Un espoir mince mais tout de même un espoir. Il faut de l'espoir. L'espoir est un lubrifiant qui protège de l'usure que produit le frottement de la conscience sur le temps.

Je ne sais pas au juste quand l'homme a commencé à désespérer ni où il se trouve sur cette voie de la désespérance, mais je sais qu'il a bien commencé à désespérer. Je l'ai vu l'autre jour dans l'œil d'un homme à la gare de Dijon. Je trouve mesquin que les chemins de l'évolution aient conduit à cette situation que connaissent les hommes : désespérer. Je ne doute pas que par la suite, l'évolution (dont on célèbre à tort et à travers l'ingéniosité quand il n'est peut-être question que de vulgaire obstination) ne manquera pas de retrancher le désespoir de la liste de nos acquis. Il en va de la survie de l'espèce qui est son unique prérogative. Encore qu'elle puisse, cette évolution, pour obtenir tel résultat souhaitable, emprunter des voies qui pourraient sembler, pour l'observateur d'un moment, absolument incohérentes avec l'idée qu'il se fait d'une chaîne de conséquences logiques. Toujours est-il que vu d'ici et de maintenant, l'homme sans espoir se retrouve contraint de n'être que lui seul, condamné à se tenir « en deçà ». Sans espoir, vivre n'est plus qu'un phénomène relevant de la mécanique moléculaire. Mécanique prenant en charge entre autres quotidiens, celui de la coquille Saint-Jacques, de la vipère aspic ou encore de l'amibe. Douleur dans les champs, dans l'infiniment petit, douleur sous les mers et autour des tables de réveillon.

Pour la grande majorité des espèces, l'opéra se résume à ces deux livrets : manger OU se faire manger et d'autre part manger ET se faire manger. Bien qu'il se dégage de la seconde proposition davantage d'équité, l'homme a perçu depuis des temps fort reculés qu'il était nécessaire de trouver une troisième voie : « manger ». Au cours de l'évolution, il a créé les conditions dans lesquelles cette activité peut se pratiquer sans crainte ni danger. Manger tranquillement. Hélas, on sait que ce travail de l'évolution n'est pas achevé et qu'il reste de par le vaste monde de trop nombreux endroits où il faut encore tenir à deux mains sa pitance, sa portion de buffle ou de chien, de manioc ou de hamburger. Ces endroits ne sont en outre pas à distribuer sur une carte géographique seulement mais également à placer sur le plan vertical des sociétés.

Employé de ta merde, m'avait lancé mon Ami Rogério lors d'une des joutes d'insultes iconoclastes auxquelles nous nous adonnions autrefois. Employé de ta merde. Nous avons suffoqué de longues minutes avant que nos rires ne s'étiolent pour laisser place à un désarroi profond. Employé de ta merde, c'est sans doute ce que veut dire Peggy quand elle me compare à un lombric.

Un jour nous serons en sécurité, nous pourrons manger en toute sécurité.

L'espoir et l'estomac sont les personnages principaux. Ils sont liés dans l'hiver et le feu. Chacun le sait. Quand nous remplissons le caddie, Peggy, Alan et moi, nous sentons l'opulence agir dans nos veines comme n'importe quel Temesta. C'est que l'homme doit encore avoir une crainte de qualité préhistorique dans les gènes. Depuis toujours il redoute de manquer. Les rayons surgelés en particulier nous le rappellent avec leurs animaux pétrifiés par le gel. Comme si à l'image de ces cadavres de bêtes conservés par le froid correspondait une autre image, une persistance rétinienne fossile, et que nous assistions sans comprendre à leur superposition. Je vois les enfants des autres familles qui courent dans les allées carrelées en glapissant et je me sens perdu dans le cosmos et je ne suis pas certain d'aimer ça.

Lorsqu'ils n'ont pas les moyens de s'acheter à manger au supermarché, l'homme et la femme d'aujourd'hui se consolent d'avoir de quoi se chauffer : du bois ou de l'électricité ; ils sont heureux aussi d'avoir des cigarettes. Ils sont heureux de fumer, de voir le petit feu de toute éternité au bout de leurs lèvres. Le foyer rougeoyant au bout de leurs lèvres. Lorsqu'il n'a les moyens de rien, le fumeur reste celui qui a la charge du feu. C'est pourquoi il sacrifie son peu de monnaie. Il comprend par tout son corps l'importance du feu. L'homme qui fume sait qu'il est au travail, pour les autres, pour la société entière. Qu'il ait seulement des cigarettes ou de quoi se chauffer, l'homme qui possède du feu tient bon. L'alcool l'aide à ne pas consommer sa défaite ; aussi aime-t-il en boire pour ne pas voir ce qu'il a sous le nez : du dur, de la matière qui stoppe le regard et le renvoie à son auteur avec dedans le même poison que dans une pique, une réplique, un mot d'esprit vexant qui nous laisse blessé en dehors d'un cercle. Tous les hommes ne sont pas prêts à accepter la matière. La masse et le silence du monde en pétrifient plus d'un. Lorsqu'un homme détourne sa colère d'une personne et abat son poing sur un mur, une porte ou bien n'importe quoi, pour satisfaire son besoin pressant de frapper, sa grande soif de vengeance, il accomplit un geste prophétique en cela que c'est bien la matière, et sa violente indifférence à l'homme, qui l'accule et fait exploser sa rage. En épargnant son adversaire au profit d'une vitre ou d'une cloison de plâtre, l'homme sans le savoir se fait bien mieux justice.

Je ne sais pas au juste quand l'homme a commencé à espérer. Sans doute l'espoir est-il né avec la quête difficile de nourriture. Peut-être que passé onze heures, ne voyant toujours pas venir d'aurochs, le lointain cousin de l'homme a senti confusément la faim dans son estomac produire ses effets et lui envoyer le message paradoxal de l'appétit : le manque avec, soudée, la promesse que ce manque sera bientôt comblé. L'estomac rassure le chasseur dans son intérêt propre. Le chasseur est agi par l'estomac qui lui recommande de prendre patience tout en s'activant avec sûreté. Prends patience, lui suggère-t-il, ton arc n'en sera que plus sûr. C'est en faisant confiance à cette chose en lui, en accordant son action à l'ordonnance venue de son ventre, que l'homme aura accueilli l'espoir. Après quoi il aura pu en faire divers usages : espérer que la pluie s'arrête, que la plaie se referme, que le rival meure. Hélas, l'espoir n'a aucun effet direct sur les événements. Le seul endroit où l'espoir agit, c'est lorsque cet espoir induit une réaction physique chez le sujet espérant (en le tranquillisant, par exemple) et que cette réaction se trouve être d'un bon secours dans l'accomplissement d'une tâche impliquant ce physique. C'est ce qui arrive au chasseur affamé. Longtemps l'espoir tint lieu de grand compagnon de l'homme. Bien avant le cheval ou le chien. En en faisant usage pour tout et n'importe quoi, il l'a usé jusqu'à la corde.

Espérer en tous sens n'aura conduit qu'à une inflation de déceptions, à la prolifération d'espoirs non récompensés ; à la longue, constatant avec tristesse qu'il espérait en vain, se voyant privé de cette méthode de survie par la prière, dépossédé de ce qu'il prenait jusque-là pour le seul outil en mesure de lui garantir un avenir, un outil capable de rivaliser avec l'inexorable, l'homme n'a pu que désespérer. Désespérer jusqu'à devenir cet être aujourd'hui tant évolué que préoccupé, entièrement tourné vers les deux mamelles de son destin : le prolongement de la durée de la vie, qui conditionne la seconde : la conquête utile de l'espace. C'est là sans doute que se camouflait le dessein de l'évolution : faire advenir, à la suite d'Homo neanderthalensis et d'Homo sapiens, l'homme désespéré : Homo sine spes. Et cela afin qu'il en vienne à vouloir fuir le monde où il est né. Fuir la terre. Ce qu'il lui sera utile de faire avant cinq milliards d'années, date à laquelle il est prévu que le soleil nous prive de ses largesses. Hélas, on ne pourra gagner aucun lieu viable se trouvant quelque part dans l'univers sans que notre durée de vie ait été d'abord généreusement multipliée ni que les efforts pour s'arracher à l'attraction terrestre ne présentent plus aucun danger. Mais on constate que ce sont là des chantiers auxquels l'homme est attelé depuis déjà bien longtemps. Recherche médicale et recherches technologiques sont les faces d'une seule médaille. Il semble que l'espèce, en évoluant de la sorte, ait décidé de faire quelque chose pour l'homme. L'homme, lui, n'y croit plus. Et cet épuisement où il renâcle est la condition de son sauvetage. Sans plus d'espoir, voilà longtemps qu'il a substitué aux grâces de la bonne fortune le solide arbitrage de la loi, des sciences et de l'argent. Ce faisant, il travaille à son salut sans même s'en apercevoir puisque son désespoir est compensé par une consommation effrénée de breloques dont il n'a aucun besoin, et où, en milliers de fragments, sont expérimentées de nouvelles techniques. Cette surconsommation, en garantissant la croissance, rend possible le financement de programmes de recherches aux coûts exorbitants motivés en apparence par la seule compétitivité, mais dont la quête principale, bien qu'elle échappe complètement à ses artisans, parmi lesquels il faut se compter soi-même, n'est autre que l'allongement de la durée de la vie et la conquête, pas seulement utile, mais indispensable, de l'espace. Il reste que je doute beaucoup de pouvoir profiter d'un tel programme d'émancipation de l'attraction terrestre ni d'aucun sommeil intersidéral qui permettrait que l'on me sème comme une graine de vie sur une planète lointaine et inconnue. Cela pour la raison simple que je vais me noyer dès à présent dans un lac artificiel aménagé dans la région de Dijon, Dijon sur la Terre, la Terre qui est un astre.

11

L'homme s'est immobilisé à l'abri d'un roc en surplomb d'une rivière gelée. Il retient sa respiration. Voilà une heure qu'il pistait l'animal et plusieurs jours que la famille entière a le ventre creux. Devant lui, à une vingtaine de mètres, l'animal racle le sol de son sabot et se baisse pour arracher une motte de peu de goût. L'animal est convaincu. Son mufle fume. De temps à autre il s'interrompt et jauge. L'animal est convaincu de nouveau. Il racle et arrache une autre touffe. Un moment, il s'interrompt et jauge mais cette fois, il y a une fissure dans la quiétude. Un doute vient de tout changer. Le lien est fait entre l'animal et l'homme à l'abri du roc. Le lien prend tout l'espace. Le lien est la scène, est le phénomène en cours. Il va se passer une chose, le lien l'assure. Il ne peut plus ne rien se passer. L'animal ignore encore ce qui se tient en particulier à l'autre extrémité du lien. Il sait ce qui s'y tient en général : la paroi du vivant. Il s'est approché de trop de la paroi du vivant. Maintenant il se sent relié à cette paroi. Il a toujours confusément conscience de cette paroi et voilà pourquoi de temps à autre, il s'interrompt et jauge. Il a vu faire sa mère. Quand il voyait faire sa mère ou son père, il scrutait lui-même, au-delà des taillis, dans la futaie, et ne surprenant rien, il a appris que ce rien était la paroi. Que lorsque l'on ne voit rien, c'est qu'on scrute le vide et qu'on n'a rien vu dans ce vide. Mais pourquoi soudain scruter le vide ? Il sait maintenant que lorsqu'il scrute le vide et qu'il ne repère rien dans ce vide, c'est que ce vide est la paroi. Il ne voit plus ni arbres ni rochers ni plaines ni montagnes mais ne voit que la paroi. À ce moment-là il s'enfuit pour s'éloigner de la paroi. C'est le moment que choisit l'homme pour envoyer sa flèche dans le cou de l'aurochs. Le bruit de la flèche quittant l'arc, le son du boyau vibrant contre le poignet de l'homme a fait réagir l'animal qui tente une fuite vers sa droite cependant que la flèche suit le chemin du lien. La flèche pénètre le pelage sans mal et s'enfonce dans la chair du cou suivant le chemin du lien. L'aurochs se cabre et amorce un demi-tour maladroit qui le déséquilibre, il se reprend et part en trombe le long de la rivière. De sous son poitrail arrive un chenal de sang qui s'en va fumer dans la neige et faire comme un sillage. Tout n'est plus que blancheur terrible et fuir vite. Plus loin, l'animal paniqué n'apprécie pas correctement la frontière qui sépare la rivière de la berge. Il court sur la glace qui ne tarde pas à rompre sous son poids. Il s'enfonce d'un coup et sa tête vient heurter la surface gelée qui casse. Une seconde flèche perce son jarret. De l'animal s'échappe une plainte déchirante. Puis c'est le silence. L'animal est serti. Un joyau de muscles fumants est serti. Il est presque à toucher la paroi. La panique lui commande de ne plus bouger. Il fume dans le paysage blanc. Son immobilité est une panique assourdissante. L'homme parvient à trouver en lui le sens de la mesure et ne laisse pas l'excitation prendre le contrôle de ses jambes. Il marche avec prudence sur la glace jusqu'à l'aurochs et, une fois ses appuis bien pris, lui administre un violent coup de hache sur le crâne qui s'ouvre comme une fleur. Le sang se répand sur le poil, suit le sens du poil et, suivant la pente des choses, s'en va rejoindre l'eau qui vivait encore sous la glace.

12

On ne devrait pas savoir que c'est la dernière fois qu'on nage. Les crampes sont fréquentes à partir d'un certain âge. Elles sont sans gravité mais peuvent le cas échéant vous entraîner vers la mort. Or, mourir accapare. Mourir retient. En temps normal, quand on meurt, on ne peut rien faire d'autre. Inutile de tenter quoi que ce soit, on ne peut même pas réciter l'alphabet, on est comme plongé dans une histoire et l'esprit et le corps tendus jusqu'à la douleur vers sa chute. On est resté jusqu'au bout, on veut connaître la fin.

Pourtant, alors que je suis occupé à me noyer, prenant très au sérieux cette expérience extrême, une dernière salve de dilettantisme vient m'arracher à la concentration que demande d'ordinaire ce type particulier de discipline, et voilà que l'errance, le vagabondage de l'esprit, cette si délicieuse plaie, reprend son quart sans tenir compte de ce qu'un tel moment, fatidique, demande de recueillement. Inconséquent, je laisse cette tulipe noire à peine visitée pour aller sans raison butiner plus loin. Moi qui n'aurai pas su bien vivre, je ne peux m'étonner de ne savoir pas mourir convenablement. Pourtant rien ne m'aura plus occupé dans la vie que de me préparer au funeste grand examen. Nul doute que cela aura fait de mon existence un numéro de cirque, de dompteur, un œil toujours rivé sur le danger tandis que le spectacle se déroule. On peut dire que je serai passé à côté de la vie. Pas très loin, non, mais tout de même à côté. Ce que c'est que de goûter l'imminence de l'inéluctable, de sentir la présence de gouffres sous nous, de gouffres invisibles.

Les innombrables bouches que l'inéluctable dispose sous nos pas me contraignent depuis toujours à me mouvoir avec crainte et précaution. Ce n'est pas à un rythme régulier que ces bouches s'ouvrent et se referment. L'imminence est une séquence chaotique. Hop ! Et voilà, terminé. La vigilance ne crée rien d'autre qu'une disparition partielle. Nous voilà estompés par la préoccupation. Nous devenons absents aux autres et nous tenons toujours en avant du présent, les doigts de pied mordant déjà sur le vide, nous demandant comment les autres arrivent à ne pas voir que tout est déjà fini avant même que cela ait commencé. À un tel endroit, on ne construit pas une ville.

Tout ce que mon esprit préoccupé a pu entreprendre ne l'aura été qu'incomplètement. Les fragments, les routes s'arrêtant net, les bassins jamais remplis dont j'aurai été l'architecte clignotant et procrastinant sont les vestiges d'une existence entière passée à aimer tant la vie qu'il m'aura été impossible de la consumer, de la consommer. Comme si tout ce qui n'était pas vécu pleinement pouvait être consigné et apporté à mon crédit. Des pans entiers de vie vierge à ma disposition pour plus tard. À la pensée de ces sursis remisés, je ressens la colère pathétique de l'avare qui, recomptant ses économies, ne veut pas croire que la monnaie entre ses mains n'a plus cours.

Je possède un trésor sans valeur, sans usage, mais c'est mon seul trésor. Départements vides, compartiments vacants, volumes inaptes. Maintenant je peux me sentir comme un plongeur, sur le bord de la falaise, réuni en moi, empesé de rien, tout près de m'élancer. Disant cela, on comprend que je m'épuise à empanacher un vaincu. On veut être digne. Aussi et surtout à l'instant de périr si bêtement, serré dans un slip de bain Go Sport.

13

Mis à part songer à la mort et donner libre cours à ma passion pour l'archéologie, aucune activité, quand elle serait reconnue comme indéniablement délicieuse, ne me retient bien longtemps. Si je ne suis capable de me passionner durablement pour aucune autre sorte de loisir, je ne doutais pas, malgré tout, que mourir me captiverait. Tout au moins espérais-je réussir à me concentrer le temps que durerait l'événement. Si mourir n'est pas du tout aussi agréable que de songer à la mort, il est sûr que mourir est tout de même suffisamment rare pour que l'on se préoccupe de vivre pleinement un tel moment.

Hélas je suis dissipé et ne peux tout bonnement pas me noyer tranquillement. Je m'active dans le désordre afin de reprendre pied sur la surface du lac exactement comme si cela était possible. Dans le même temps, n'étant soumis à aucune injonction émanant de mon for intérieur pour la raison simple qu'il a été déserté dès l'annonce du décret qui stipule « je me noie », mon cerveau, sentant sa fin venir, a rassemblé ce qu'il pouvait avant l'assaut et le pillage de ses palais, avant que la mort ne poursuive sa funeste révolution et que la purge bruyante de ses souterrains ne m'installe en cadavre. Ce sont des armées de mots en déroute, des contingents entremêlés de propositions qui fuient en tous sens hors de mon crâne. C'est la dispersion des richesses dans l'euphorie et le chaos. Ce sont des quantités de réflexions, de scénarios diversement accidentés desquels il me faut, alors que je suis tout tourné vers mon sauvetage, être le spectateur effaré. C'est exactement comme si le langage avait senti le vent tourner et se jetait hors de moi avant que je ne l'emporte dans la noyade. Il se comporte exactement comme un parasite, et comme un rat ventru, paniqué mais résolu, il quitte le navire. Je le vois faire, l'ingrat ! Et le plus drôle, c'est qu'au lieu de m'en affecter, de le maudire, de le conspuer vigoureusement, voilà que je lui emboîte le pas, moi aussi je veux me fuir pour me sauver, tant pis pour l'autre qui se noie.

Je ne réussis pourtant qu'à retomber en moi pour revenir à mes jambes, mes bras, mes poumons, ma bouche, mes yeux, à l'instant où tout ça s'active éperdument.

Je reprends bien conscience entre deux pas de la macabre chorégraphie aquatique qui m'emporte mais ce n'est que pour accéder à de fugitives visions désordonnées, superposées parfois et absconses toujours. Je me noie doublement. Mon corps dans l'eau du lac, mon esprit dans la vasque de ma conscience défaite. L'eau vient dans ma bouche, je crache. Peggy lit sur la plage, Alan s'active autour d'un ballon.

14

J'exerce le métier de topographe depuis 1993 pour le compte du département de recherche archéologique de Moselle. Je bois de manière soutenue et mes relations de travail sont bonnes. Ma passion étant l'archéologie, j'ai appris le métier de topographe dans le seul but d'intégrer une équipe de recherches archéologiques. L'ensemble des chantiers auxquels je suis associé concerne des fouilles préventives imposées aux grandes entreprises de construction par l'INRAP, l'Institut national d'archéologie préventive. Avant de construire un parking, l'entrepreneur doit financer le travail d'une équipe d'archéologues qui s'assure qu'aucune sépulture mérovingienne ne sera ajoutée aux gravats, qu'aucun amphithéâtre ne sera la proie des tractopelles. La plupart des découvertes consécutives à ce type de fouilles (dans la région tout au moins) concernent la période romaine. Sépultures, mobilier, habitations, viaducs, aqueducs, infrastructures diverses. Autant dire rien que de très banal.

La période qui me fascine le plus et dont l'étude studieuse a désagrégé progressivement ma vie familiale, c'est celle qui commence il y a trois millions d'années avec l'apparition de l'homme et s'étend jusqu'à – 12000 : le paléolithique. Les occasions de travailler sur ce type de sites sont devenues si rares en Bourgogne, qu'avec quelques amis pour lesquels, tout comme pour moi, la simple observation d'un silex taillé est vécue comme une transgression sexuelle, comme si nous étions les spectateurs exaltés et transpirants du strip-tease d'une forme, de l'effeuillage d'un objet avec, par terre, ce qui le cachait à la vue : les siècles, les millénaires, la matière ; avec ces quelques amis donc, nous avons pris l'habitude d'occuper nos vacances en allant faire les petites mains sur des chantiers de fouilles qui nous ont conduits dans de nombreux endroits, depuis la Turquie jusqu'au Canada. L'an dernier, c'est en Bretagne, dans le village de Kernavest, que nous avons passé l'été. Un habitant, M. Coho, à force de s'entendre dire depuis tout petit qu'une grotte reliait leur cave à la côte qui se trouve à quelque huit cents mètres de là et profitant de la mort de sa femme qui le lui avait toujours interdit, a fini par attraper ses outils et entamer le mur ruisselant du côté ouest, mettant ainsi à la disposition de la communauté scientifique la plus importante grotte ornée du littoral européen. Arrivés sur place, les premiers chercheurs ont chu du sommet de leur jubilation lorsqu'ils se sont aperçus que les premiers habitants de la maison, probablement au milieu du XVIIIe siècle, avaient fait la découverte de ce trésor sans en informer personne et avaient cru bon d'augmenter de leurs propres dessins des fresques âgées de trente mille ans environ représentant pour la plupart des scènes de pêche, de chasse, mais aussi, sur tout un plafond, des créatures imaginaires, hommes à tête de poisson, serpents ou centipèdes avec bras. Pour ce qui concerne les ajouts de nos artistes bretons du XVIIIe, il s'agit surtout de mise en couleur de dessins existants. Des flots ont également été ajoutés, gravés au-dessous des cétacés de la paroi sud. Plus loin, faisant semblant de disparaître dans le boyau d'étranglement qu'un éboulis a formé il y a environ quinze siècles, un banc de poissons finement détaillés, fines écailles, yeux, nageoires, semble se diriger vers la mer. Du mobilier également a été retrouvé sur place : chaises, fauteuils, une table, de nombreux bougeoirs, des outils, pots, boîtes de diverses tailles, des couvertures et des bouteilles de verre. La datation de fragments de charbon de bois et le reste de liens de cuir attestent en outre que cette grotte a été découverte et utilisée comme abri aux environs de – 8000, tandis que les premiers dessins sont vieux de trente mille ans.

Peggy a refusé de venir au motif suivant : j'en ai marre de tes crânes. Elle est partie avec Alan à Clermont-Ferrand chez sa sœur.

Au-delà de l'impact que leurs dessins pouvaient avoir sur les esprits et au-delà aussi de l'emploi qui en était supposément fait lors de possibles intégrations à des rituels chamaniques, ce qui a poussé les hommes d'alors à peindre et graver, c'est la conscience que ce qu'ils avaient déposé sur la paroi était de la pensée, de la pensée qui n'allait pas disparaître en même temps que celui qui l'articula mais qui avait la capacité de se maintenir dans le temps au-delà des limites que la simple transmission orale pouvait explorer. Le fait que les représentations de l'homme soient si peu fréquentes alors pourrait indiquer que la découverte de la pensée durable (pensée qui n'abolit pas le temps mais au contraire le découvre puis l'assujettit en parvenant à s'y inscrire au-delà de la vie biologique, ce qui est certainement perçu alors comme un événement surnaturel) a relativisé l'importance du corps. Peut-être, c'est du moins ce que je crois, et ne pouvant le croire qu'en qualité de topographe cela condamne mon hypothèse à la moquerie, peut-être imaginaient-ils que cette pensée magique, cette puissance de l'esprit, dont ils jouissaient, allait un beau jour échoir à une espèce différente de la leur, celle des tigres, des mammouths ou des bouquetins. De tout animal pourvu d'une paire d'yeux, d'oreilles et d'une bouche. Ces fresques leur sont sans doute un peu destinées aussi. Je dois aussi ajouter que, et cela est hérétique, la possibilité que l'homme d'alors ait pu être le bailleur d'une mémoire mythologique comprenant le souvenir de ses ancêtres mieux poilus, plus robustes et puissants physiquement, pourrait laisser penser que se voyant nu, voyant sa peau nue livrée à la rudesse de son environnement, il en ait déduit qu'il déclinait et non qu'il accroissait ses capacités d'adaptation. Sûrement croyait-il déjà en son déclin. À ce titre, il ne se démarque pas de l'homme du XXIe siècle et on peut se demander si cette analogie ne peut s'adjoindre, à l'avantage de mon hypothèse, l'observation selon laquelle, de nos jours, la croyance en un avenir entièrement livré aux robots et aux machines occupe un large territoire. Je crois, et je ne suis pas le seul à Metz et dans les environs à le croire, que ces hommes ne voulaient pas laisser à leurs successeurs potentiels, issus du règne animal, quelques traces qui puissent leur jouer ensuite de mauvais tours, tout comme nous redoutons aujourd'hui que les machines, une fois qu'elles nous auront largement supplantés, nous jouent de mauvais tours, et puissent nous mener la vie dure. Ce serait donc à un souci de précaution que l'on doit de ne trouver que de très rares représentations humaines. Les seuls cas connus étant probablement l'expression d'un narcissisme monstre consécutif à de lourds troubles d'ordre pathologique liés à l'état embryonnaire du langage articulé qui pouvait produire solitude et délires mégalomaniaques en proportion assez grande pour rendre imbu de lui-même n'importe quel Aurignacien. Les fresques, gravures et dessins retrouvés placés dans des réduits qui de toute évidence n'étaient pas destinés à être visités souvent, au fond de diverticules extrêmement difficiles à atteindre, y ont été laissés dans aucun autre but que celui de nous les faire parvenir. Ils se trouvent à l'abri des intempéries, de la lumière, et protégés également contre toute découverte fortuite et des risques de profanation, transformation, effacement qu'elle aurait certainement occasionnés. Il s'agit probablement de colis déposés à notre intention par des hommes qui n'ont rien de différent de nous et qui œuvraient, comme nous sommes conduits par vanité à le faire nous-mêmes, pour la postérité.

Voilà ce que je raconte toujours lorsque j'ai un peu bu et voilà donc en substance ce que j'ai raconté à M. Coho en vidant les verres de vin qu'il me servait à un rythme inhumain. Il n'a pas semblé en désaccord. Bien sûr je n'ai jamais fait part de ces considérations aux archéologues de l'INRAP qui de toute manière me renverraient sans ménagement à mon rang, à « ta groma, ta dioptra et ton chorobate », disent-ils du haut de leur dédain encyclopédique. Je me demande ce que deviendrait cette aristocratie sans mon expertise et mes outils de terrain. « Je crois que tu foleilles », me dit toujours Peggy.

15

Je suis incapable de me noyer paisiblement. Je pense à tout sauf à mourir. Pourtant, c'est bien à mourir que j'ai à me préparer. Je ne passe pas assez de temps sur chacun des moyens de mon sauvetage pour parvenir à rendre opérationnelle l'une ou l'autre des options. Je me demande si cette inconstance résulte du tumulte bien compréhensible qu'occasionne une noyade ou si le clignotement de ma détermination à m'en tirer ne serait pas plutôt une trouvaille de mon singe intérieur pour en finir au plus vite. Comme si je saisissais l'occasion d'un accident pour me suicider.

« Tu n'as pas le courage d'une palourde », me dit toujours Peggy. En général je ne réponds rien. Je prends l'air outré, je fais trembler mon menton comme pour retenir des larmes. Je sais que ça va la faire rire. C'est une très ancienne astuce que j'utilise pour lui faire croire qu'elle ne m'a pas blessé et que manifestement, je ne me reconnais pas dans cette méprisable et méprisante allégation. Ce qu'il faut, c'est qu'elle pense avoir construit cette analyse sur de mauvaises observations. C'est le rôle principal de mon sens de l'humour. Je dois à une évidente disposition au cynisme d'avoir conservé intact mon sens de l'humour et à mon sens de l'humour d'avoir maintenu ce cynisme dans un état supportable pour mon entourage, jouissant auprès de lui du prestige de n'importe quelle haute pratique spirituelle. Mais je ne peux pas affirmer que j'ai décidé de devenir cynique. J'ai arrangé en cynisme les brins cassés de ce qui me relie au plaisir de vivre. Plutôt que de voir ces brins sans maître secoués aux quatre vents, capables de venir vous gifler sans prévenir, j'ai trouvé plus judicieux de les tresser en un unique fouet, l'accessoire dont le dompteur de fauves tire sa haute autorité en le faisant claquer non pas sur les bêtes elles-mêmes mais bien sur le sol, de sorte que ne lui soit jamais reprochée la violence de son geste.

Peggy a longtemps ignoré par quels réseaux de tunnels mon esprit doit se faufiler, quelles contorsions il doit opérer pour arriver à jouir de quelques secondes de lumière. Elle a longtemps cru qu'en moi on se prélassait alors qu'on écope à tour de bras. Plusieurs fois je lui ai dit, tu sais Peggy, pour moi, c'est pas simple, etc. Mais pour moi non plus, mon très cher, je l'entends dire. As-tu pensé au relevé du compteur ? je l'entends dire. Ce genre de réponse fonctionne sur moi exactement comme un défibrillateur. Je reviens à la vie. La réalité indiscutable du compteur EDF m'arrive à la figure et ce sont des tonnes de compteurs EDF qui tombent et comblent la faille béante d'où j'appelais. Je suis revenu sur terre, au présent, à Metz avec ma famille. Comme il me serait agréable de séjourner là, parmi le tangible ! la foi dans les nombres, dans les matières, sûr du mouillé, mouillé du mouillant, fatigué par la fatigue, heureux d'une chose agréable, parlant sans m'en rendre compte pour dire une chose simple et utile. Une fois la réalité du compteur dissoute à nouveau par l'accomplissement du relevé demandé par Peggy, je redescends en moi dans un mélange d'hésitation et de résignation, comme on entre dans une eau à treize degrés. Maintenant c'est différent.

16

Je n'aurais jamais pensé que sur le point d'y passer, un homme soit capable d'un tel déni, soit capable de se préoccuper du temps qu'il fera demain alors que d'ici à trois minutes, c'en sera fini de tout. Capable aussi de prendre part à une conversation des plus ordinaires. La couleur des rideaux, le facteur est-il passé ? Le mince filet de vie qu'il lui reste, soudain, lui semble être un fleuve majestueux. Et autour on se dit : il ne voit pas qu'il meurt ? Comme si, en sursaut, un chien dans ses veines se réveillait après des années de léthargie pour courir comme un cinglé après une baballe.

Je suis là. Pour être clair je me trouve exactement aux portes de l'au-delà, et me voici à faire des projets. Pas de grands projets, non, mais refaire la salle de bains. J'ai honte de notre salle de bains. Lorsque quelqu'un vient dîner, c'est l'abattement. Voilà à quelles fins j'emploie le peu de vie qu'il me reste.

Voilà, il faudrait, avant que mes poumons ne soient remplis d'eau verte, que la salle de bains ait été refaite. Pour couronner le tout, je m'inquiète d'être en maillot de bain. Seuls mes bras et mon visage sont bronzés. Le reste de mon corps est laiteux, çà et là des vaguelettes de peau. Cela ne va pas faire un très beau cadavre. Ajoutez à ça un séjour prolongé dans l'eau... Quand je pense que quelques heures plus tôt je dormais encore dans notre appartement rue des Carmes, cela me tue. La cour était encore fraîche ce matin quand nous sommes partis. Je suis remonté prendre un gilet pour Peggy et une fois arrivés à la voiture, on a vu que la bouée d'Alan était restée en haut. Je suis remonté, j'ai pris la bouée, bu le fond de ma tasse de café tiède avant de redescendre au parking. Puis nous avons pris la route. Nous sommes sortis de Metz par le sud direction Montigny-lès-Metz, Ars-sur-Moselle, Ancy-sur-Moselle, Novéant-sur-Moselle, sur notre droite le Rudemont ! Peggy ! Alan, laisse ton jeu, c'est là que maman et papa se sont embrassés la première fois ! Sur la montane ? La monta, gneux, Alan. Monta et gneux. Puis

Pagny-sur-Moselle, Pont-à-Mousson, Toul, Langres, Dijon, Velars-sur-Ouche, Fleurey-sur-Ouche, Sainte-Marie-sur-Ouche, Sombernon, Grosbois-en-Montagne, son contre-réservoir, et maintenant je me noie… Je m'arrête là… Beaune, Chagny, Montceau-les-Mines, Gueugnon, Digoin, Lapalisse, Vichy, Gannat, Riom, Clermont-Ferrand, je n'irai pas. Plus.

Bon, je devrais être content de mourir parce que dans le fond, depuis cette fois où assis sur une pierre, je regardais par terre, je regardais le lierre qui courait jusque sous les arbres du fond et qui faisait comme une flaque verte, depuis toujours en somme, vivre me semble n'être rien qu'une pénible attente. Attendre dans un vestibule que l'on vous fasse enfin entrer dans le salon. Attendre en regardant autour de soi, faire instinctivement l'inventaire de ce qui se trouve là. Et, devinant l'ampleur considérable de la tâche, n'entreprendre aucune enquête. Un vestibule grandiose qui ouvrirait sur un salon minuscule. C'est là qu'on vous reçoit, qu'on vous flatte, vous débarrasse de ceci, vous accommode de cela, et qu'on vous informe : Monsieur ou Madame en aura fini d'un instant à l'autre. Et c'est de vous qu'on parle. On attend là que Monsieur ou Madame en ait fini, un verre à la main. Le tintement des glaçons pour toute compagnie. Pour ma part, pas mieux mis qu'un roncier lourd et noueux, je patiente. Le tintement s'est arrangé en bruit noir. Ce que je réussirai à dire de cette attente-là, c'est ce que j'aurai réussi à arracher à l'appétit du tourbillon qui me tire vers son centre depuis que je peux songer et qui fait rage en moi du matin jusqu'au soir où l'alcool me le fait percevoir comme une farce des sens inapte à me dévaster (en somme, je reprends vie la nuit comme les vampires). Un vortex qui fonde mon effondrement en fonction inverse de ce qu'une tornade produirait : une élévation, avec les risques de dispersion qu'on sait. Mon effondrement, lui, est un processus rassembleur. Mais je vois bien que j'en ai trop dit ou pas assez. J'ajouterai ceci qui est clair : je veux la paix. Je suis comme attablé au wagon-restaurant d'un train à demi enfoncé dans le sable. Ma patience est laide. Je n'ai jamais su vivre franchement. Ou alors il y a longtemps. Je regarde un incendie au lieu d'être cet incendie. Disons : souvent je préférerais ne pas être là où je suis. Surtout lorsque je suis entouré d'hommes et de femmes qui savent rire. Je veux dire rire vraiment, avec les tempes qui plissent et les dents sorties. Alors là, je veux partir. Mais hélas, souvent, je reste.

Je fume. Je reste et je fume. Et plus je reste et plus je fume et plus on m'ignore. Mais c'est vrai que je donne l'impression, sûrement, d'être méprisant. Je lance des ronds de fumée.

Je devrais être soulagé d'en finir sous peu. Quand bien même il faudrait en passer par un peu de douleur, ce serait un soulagement formidable. Après, je pense qu'une fois mort, ça va. Tant qu'on ne revient pas à la vie provisoirement. Il n'y a rien de pire que je puisse imaginer que de revenir à la vie pour quelques secondes seulement alors que je serais mort depuis trente ou trois cents ans ou deux cent mille ans. Je me réveille pour un bref instant et la vue d'une éponge sèche et racornie sur le coin d'un lavabo me transperce le cœur. La nostalgie sans doute. Le sommet de l'horreur serait que je me réveille et que tout ce que je puisse observer soit mon propre visage dans un miroir, de ne rien voir d'autre que moi dans un miroir. Cela reviendrait à revivre sans revoir la vie. Gâcher ma résurrection. Quel est l'intérêt de voir ce par quoi la vie est vue ? Lorsqu'on a soif, un robinet seul n'est d'aucune utilité. Il faut l'eau. Je ne sais ce qui me permet de l'affirmer mais revoir une éponge racornie sur le bord d'un lavabo suffirait à me faire éclater en sanglots. Je préférerais rester pour l'éternité devant mon éponge que d'être contraint de retourner au tombeau après une si éblouissante vision. Mais laissez-moi revoir mon visage pour quelques secondes et j'implorerai que l'on écourte ce supplice pour retrouver le confort noir de la tombe au plus vite.

Retrouver cette chose par laquelle le monde fut vu, mal vu, MA FACE, la face de celui qui n'a pas su vivre franchement, qui s'imposerait à moi le temps d'un hoquètement du vivant au beau milieu du néant, voilà la cruauté au comble de son raffinement. Non pas de l'humour noir mais de l'humour négatif, une farce qui vous affaisse. Aussi drôle que l'arrivée d'un câble d'acier en travers de la gueule d'un mousse. Décidément et tant qu'à faire, je demande à mourir pour toujours. C'est d'ailleurs ce qui arrive en général aux gens.

17

La semaine passée, alors que je rentrais de Verdun par la route qui rejoint Gorze, une route bordée de potagers qui traverse le village préféré de Peggy, celui où la route produit un virage sec pour éviter une petite église qui ne veut pas bouger, comme un chien l'été ne veut pas se lever pour vous laisser passer, la semaine passée donc, un incident s'étant produit au travail, je réfléchissais aux moyens d'arranger ça pour le lendemain lorsque la concentration et l'inquiétude, qui sont des ingrédients que j'emploie pour des occasions tout à fait ordinaires, sont venues alimenter des réflexions sans lien avec l'incident. Je me suis mis à penser à la mort. Pas à la mort « mourir » ni à la mort « tuer », mais à la mort « être mort », « une fois mort ». Arrivé à Gorze, je n'avais tiré de ces songes aucune conclusion notable sinon que j'avais réussi, mais je ne sais plus comment j'en suis arrivé là, à devenir certain qu'à tout prendre, il était préférable d'être mort. Bien sûr l'ignorance supposée du défunt pour son nouveau statut entre pour beaucoup dans l'établissement de cet ordre de préférence.

Maintenant que je suis sur le point de réaliser mon rêve d'alors, accéder à la situation que j'avais jugée préférable, je veux dire : être mort, je découvre que des monceaux d'inconvénients découlent de ma toute prochaine promotion. Je ne peux faire l'inventaire ici de tout ce dont, par la force des choses, je vais devoir être privé. Le plus dur sera de ne plus revoir Peggy et Alan. De ne plus voir de feu. De ne plus revoir de neige. De ne plus revoir ma collection de fossiles. Il y a que, et ce n'est pas pour manquer d'égards à ma si chère petite famille, il y a que les adieux au monde sont aussi pénibles à faire que celui-ci soit symbolisé par une personne ou par un simple muret. Si à l'instant de mourir vous vous trouvez seul et tombez nez à nez avec un muret, comme dans le cas d'une crise cardiaque en périphérie d'un champ, ce qui connaissant l'absence de scrupule de la faucheuse n'est pas la plus insolite des fins qu'elle soit en mesure de prescrire, eh bien là, vous constatez comme il est difficile de faire ses adieux à un muret. Vous découvrez alors seulement le lien puissant que ce muret et vous entreteniez ; mais il est trop tard. Les poètes savent tous ça. C'est pour cela qu'on peut en voir certains postés toute la journée à regarder une table ou un banc dans l'herbe ou un thermomètre, ou une cruche ou encore une huître (ce qui me semble déjà plus légitime).

18

Je collectionne les fossiles depuis l'âge de huit ans. Mon premier, je l'ai trouvé par terre. C'était un minuscule coquillage, une sorte de petite huître sertie dans un bloc de calcaire gros comme la main. Je l'ai trouvé derrière chez Joly, un maçon avec lequel mon père travaillait à la fin des années 1970. La maison et son hangar se situaient à deux ou trois kilomètres de chez nous. Le soir de la trouvaille, en rentrant, j'ai croisé Le Bihan. Je lui ai montré le fossile, il m'a mis par terre, m'a flanqué un coup de pied dans la gorge et me l'a pris. C'est comme ça que cet incident a installé durablement en moi la passion des fossiles.

Sans Peggy, sans Alan, sans neige ni feu, sans mes fossiles, à quoi bon être mort ? Non ; décidément j'ai dû mal cheminer. Il n'est pas préférable d'être mort.

Lorsque je contemple ma collection, tous ces souvenirs refont surface. Une route, des champs, un hangar, le bureau avec Mme Joly, les camionnettes, mon vélo... La seule chose qui ne soit pas fidèle à la réalité, c'est que lorsque je revois tout ça, je me figure Le Bihan par terre se tenant les côtes et hurlant comme un chien-loup alors que je disparais au loin sur la route en sifflotant, le fossile dans mon poing serré. Cet aménagement est si ancien maintenant que lorsque je montre à quelqu'un ma collection, c'est cette version que je raconte. Je n'éprouve aucune gêne d'ailleurs à le faire devant Peggy, qui pourtant sait de quoi il en retourne. Je jure que par moments je ne suis plus certain que la seconde version ne soit pas la vraie. Peggy, dans ces cas-là, pense que je raconte ce mensonge pour elle, pour créer de la complicité entre nous deux. C'est ce que je lui fais croire lorsque je comprends qu'elle m'a découvert. Mais dans le fond, j'ai adopté ce second scénario comme absolument véridique depuis longtemps. Une fois ou deux, je me suis demandé quand même ce que ce genre de comportement recouvrait. À ces occasions, j'ai même pu goûter à une peur et à un vertige effroyables en imaginant que le reste de mes souvenirs pouvaient eux-mêmes avoir été construits sur ce type de refondations. Il m'est même arrivé de douter pendant plusieurs minutes d'être bien né à Dieppe. Heureusement, seul un Dieppois peut entrevoir les avantages de n'être pas né à Dieppe, et c'est bien d'avoir entrevu ces avantages à quoi je dois d'avoir toujours été ramené à la raison chaque fois que ce cauchemar est venu m'étrangler en plein jour.

M'être construit sur le sable, sur la base de petits arrangements avec la réalité de ma vie, cette idée m'a plusieurs fois rempli de terreur. Si bien que je me suis parfois demandé s'il ne valait pas mieux en finir au plus vite plutôt que de voir se tisser un réseau complexe de mensonges dont la maintenance finirait par relever du funambulisme.

19

J'ai souhaité mourir mais aujourd'hui je ne suis plus certain de vouloir. On ne devrait pas savoir que c'est la dernière fois qu'on nage. Par exemple tout à l'heure, j'ai conduit ma voiture pour la dernière fois et je l'ignorais. Et tout s'est bien passé. J'aurai bien profité de cette dernière fois et j'ai conduit naturellement. Alors que maintenant je sens bien que je ne nage pas comme d'habitude. Je panique. Je vais mourir et je n'ai pas du tout le cœur à l'ouvrage. Je vais mourir sans entrain. Cependant, se noyer, c'est une chose que l'on accomplit de son vivant. Il n'est pas concevable de se noyer mort. Par conséquent, vu que pour le moment je me noie, cela devrait me rassurer. Il faut impérativement étirer ce moment qui me garantit la vie. C'est pourquoi je vais tout faire pour me noyer longtemps. Cela me laissera le temps de raconter en détail comment cela se passe (si mon occupation m'en laisse le loisir, ce que je ne peux promettre dès à présent car j'ignore par quels tourments je vais devoir passer).

Depuis quelques secondes, il se passe une chose bien nouvelle que je vais essayer de décrire ici le plus fidèlement possible. C'est une chose, disons, à laquelle rien de ce que l'on apprend dans la vie ne prépare. Je ne pense par ailleurs pas que ce genre de choses se produise à d'autres endroits que celui-ci, je veux dire au seuil de la mort, sur le point des points, sur le paillasson de la dernière maison du village. Il faut être là pour le vivre et il est probable que pour y croire c'est ici aussi qu'il faut se trouver. Le phénomène hérisse le poil. Il rend flasques les bras. Rien, rien ne peut faire plus peur : on sait qu'on va mourir. On ne le suppute pas, on ne le déduit pas, ce n'est pas une chose que l'on sent mais une chose que l'on sait. On va mourir. Il ne s'agit plus même d'être sûr de mourir parce que, et c'est le génie humain, lorsque l'on est sûr de mourir, l'esprit continue de nous gratifier de quelque infime espoir de nous en sortir. On ne se dit pas : « C'est sûr, je vais mourir. » Il est clair que ce « c'est sûr » est une exhortation, un appel au secours : « Dites-moi que ce n'est pas sûr ! »

On voit bien que cette formulation ne peut arriver que de la bouche d'un poltron, non, on se dit : « Je vais mourir – dont acte. » C'est le temps qui sépare cette prise de conscience de la réalisation concrète de ce qu'elle promet et lui seul qui enseigne ce qu'est véritablement la patience. Dès lors que l'action de mourir est avérée dans l'avenir proche et que sa qualité d'épilogue est aussi indiscutable que si cette action avait eu lieu dans le passé et avait fait l'objet d'un acte notarial, c'est qu'il est temps de prendre son mal en patience. Le problème dans tout ça, c'est « l'avenir proche ». On ne peut rien entreprendre d'autre qu'attendre puisque tout se trouve trop loin et qu'au sein de peu de temps, on ne peut arpenter que peu d'espace. Les siens ? Trop loin. Un bistrot où manger un dernier œuf dur avec un verre de rouge ? Trop loin. Un cinéma ? Trop loin. Un tour à la grotte de Lascaux ? Trop loin. On doit attendre la mort ici et maintenant.

20

Mes poumons seront bientôt remplis de l'eau du lac. Entre ce moment et ma mort, il y aura certainement quelques secondes, ou une seconde seulement. Je produirai un dernier mouvement involontaire, j'imagine. Comme une cornemuse qu'un sonneur vient de poser sur une table se vide de son air en s'affaissant et agite bourdons et chalumeau dans une dernière imploration, je produirai un dernier mouvement et ce mouvement continuera sans moi. Je l'aurai initié de mon vivant et il perdurera dans ma mort tout comme une palombe criblée de plombs reste dans le ciel le temps de sa chute. Ce mouvement ? Il s'agira d'une arabesque merveilleuse de mon bras gauche. Son déploiement sera conditionné par la masse de l'eau qui le ralentira. Le temps que s'accomplisse ce prodige : moi me mouvant avec grâce, ce que la vie ne me permit jamais de faire malgré l'immense attrait que j'ai toujours eu pour la danse, le temps que s'accomplisse ce prodige, disais-je, j'aurai seulement pour le si impressionnant Noureev, bien qu'à titre posthume, la simple considération que l'on doit à un confrère, rien de plus. L'admiration inavouable que suscite un rival ne se devinant pas plus dans l'au-delà que dans les pissotières.

Pour l'instant hélas, puisque je suis vivant, je dois me contenter de ce corps mal animé, capable de produire sur injonction de mon cerveau pourtant bien intentionné les gestes les plus disgracieux qui soient. Sur la cime d'où je parle, au crépuscule des crépuscules, j'aimerais me présenter au néant avec dignité et courage. Soulevé sur mes pointes, le buste tendu, la tête légèrement en arrière, à peine de côté, le plexus solaire s'offrant à l'événement, les muscles des jambes saillants, et malgré tout ce qu'une telle posture peut laisser deviner de concentration, faire douter le destin par une lueur rieuse dans mon œil. Par l'indescriptible « présence » au coin des lèvres de celui qui en sait long. Je voudrais recevoir le grand méchant loup dans une pose de torero assoupli par le vin, au bout d'un gueuleton fameux, lorsqu'il caricature sa dernière mise à mort face à une assistance hilare. Cependant, c'est en pataugeant que je claquerai. Sans faste. Dans la grande tradition familiale inaugurée par mon grand-père un jour presque historique de mai : la veille de l'élection de François Mitterrand.

Je ne me souviens pas de ce 9 mai ; en revanche le 10 mai est gravé dans ma mémoire. Je n'avais jamais vu de gens si heureux que ce jour-là. Je joue au ballon sur la pelouse en bas de l'immeuble dans lequel nous vivons à Dieppe. Il y a sûrement un des fils Trémel, un Perrot et peut-être un autre Le Pape. J'ai douze ans, bientôt treize ans. Soudain, aux fenêtres d'où glisse jusqu'à nous l'odeur des repas du soir : un potin de tous les diables. C'est la liesse. Il est vingt heures, la télé vient de l'annoncer : Mitterrand est élu président de la République française. Les voisins s'interpellent de fenêtre en fenêtre, le ventre plaqué aux chambranles. Ils exultent : on a Mitterrand ! C'est Mitterrand ! On a gagné ! C'est Mitterrand ! En bas, sur la pelouse, nous reprenons pour nous ces cris de joie et courons en tous sens. Un de nous envoie le ballon loin au-delà des lauriers et je lance : Mitterrand ! Mitterrand ! Mitterrand ! Je ne sais pas bien ce que ce nom implique mais il me paraît opportun de ne pas laisser filer une occasion d'être joyeux. Joyeux de joie et de rien d'autre. Comme on gonfle les rangs sans penser. Être avec les autres occupé par une simple joie de caste. Une agitation, le versant indolore de la panique. Quelqu'un frappe une cuillère en bois sur le fond d'un fait-tout. Je me souviens de ce moment avec émotion. Ce souvenir ne s'est jamais estompé. Pour mes parents malheureusement, ce jour de fête n'a pas eu lieu. Mon père était occupé à pleurer son père qui la veille, à mobylette, décida de franchir un passage à niveau alors que les barrières se baissaient. Cet épisode dramatique fut relayé dans le journal d'une manière si peu civile que l'oncle de mon père, le frère du mort, mit le feu au bateau du correspondant local du *Télégramme* en y vidant depuis le quai un bidon de cinq litres d'essence. Malheureusement, au moment de lancer le torchon enflammé qui devait tout brûler, une hésitation, un remords peut-être ? lui embrouilla le cerveau moteur ; il se prit la patte dans un bout et tomba dans le bateau en feu. Il laissa dans cette acrobatie une belle part de son visage. Personne n'aurait pu suspecter mon grand-oncle de coquetterie mais c'est pourtant bien à la disparition de cette belle part que l'on doit sa pendaison.

Cet article, le point A de cet enchaînement fatal, se trouvait dans le tiroir de la commode, dans la chambre de mes parents. Dès que j'en avais l'occasion, je me faufilais et chipais le morceau de journal pour le lire, le relire encore et regarder la photo qui l'accompagnait sur laquelle on voyait mon grand-père avec une coupe entre les mains, entouré de ses amis du club de boules dont il était un des animateurs, et coiffé d'une casquette comme celles que portait Jean Gabin. Je lisais assis sur mon lit :

« L'impatience, la chaleur, les chemins de fer français, dans un geste impeccablement minuté, vont emporter sous peu notre ami Louis qui revient du travail. Un travail abêtissant qui consiste à planter le matin et à déplanter le soir plus de cent tentes sur une plage de la baie. Les rayons dorés du couchant rasent les cimes à droite de la nationale. La journée a été chaude et la soirée s'annonce douce et parfumée. Moustiques, moucherons, cousins tournoient dans l'air au-dessus de la barre rouge et blanche du passage à niveau qu'un système automatique actionne justement pour la quatrième fois cet après-midi en même temps que retentit une cloche électrique. Pressé de retrouver les siens dans la cour de l'ancien presbytère pour quelques parties de pétanque et pour y boire et rire, Louis, bien aimé de tous, ne prenant pas au sérieux cette histoire de train, accélère et s'élance alors que, comme signalé, la cloche électrique retentit, que la barre rouge et blanche s'abaisse mécaniquement. La mobylette parlera pour son propriétaire et on identifiera le mort par déduction. Durant plusieurs jours, la plage de la baie restera sans tentes. »

On peut convenir que ce n'est pas une façon de traiter un sujet pareil. Le plus incroyable pourtant, dans tout cela, c'est que ce qui mit le frère en rage, c'est l'emploi du mot « déduction » qu'il ne comprenait pas et auquel il prêta une signification connue de lui seul, et qui lui faisait dire : Déduction ! Déduction ! Quoi encore ? Pourquoi pas sac à vin !

Il s'est pendu hélas en emportant son secret.

Au moins leurs morts ont-elles quelque chose en propre. Elles sont recommandées à l'histoire et à la mémoire par l'espèce singulière de prestige que leur confère cette friandise du destin que se trouve être la péripétie, qui ne manque jamais de marquer durablement les esprits. Mais la mienne de mort…

21

Nous avons tous beaucoup d'occasions de mourir. Cela ne demande pas souvent beaucoup d'investissement ni trop de logistique. Bientôt je dirai comment il y a quelques années j'ai craint de me faire dévorer par une douzaine de cygnes. Voilà une fin peu banale, voilà de l'honneur pour la descendance. Rien à voir avec cette vulgaire noyade qui plus est dans un lac qui n'est même pas naturel. La seule satisfaction vient de ce que l'intitulé exact du plan d'eau est : contre-réservoir. Ce qui présente au moins l'avantage d'être peu usité. C'est mince pourtant comme consolation. Comment ton père est-il mort Alan si ce n'est pas indiscret ? lui demanderont ses amis. Eh bien il a été victime d'une crampe en se baignant dans le contre-réservoir de Grosbois et s'est noyé. Dans le quoi ? insisteront-ils. Dans le quoi ? Voilà ce que je laisse à la postérité : dans le quoi ?

Je suis certain que progressivement, lassé d'expliquer ce qu'est un contre-réservoir, Alan dira simplement que je suis mort en me noyant dans un lac. Ce sera le commencement de la mort de ma mort. Tous oublieront que j'eus la fantaisie de périr dans un contre-réservoir et non dans un lac comme il arrive plus souvent au commun des mortels. Non, vraiment, je me demande s'il n'aurait pas mieux valu que je coule dans l'eau froide durant cet hiver 1986, cette fameuse nuit où je me suis cassé les dents en tombant dans le port de Dieppe.

22

J'étais à descendre une échelle d'acier rouillé qui disparaissait dans l'eau noire du port afin d'attraper un litre de lait stérilisé UHT qui flottait en surface, quand, ayant probablement hérité de mon grand-oncle son art de la chute, mon pied a dérapé sur les algues vertes. Mon menton a cogné très fort le barreau juste sous moi, deux dents de devant ont sauté avant que je ne parte en arrière pour me retrouver trois mètres plus bas, en bottes, jean et canadienne, dans une eau à dix degrés. Je me suis battu comme un diable pour revenir jusqu'à l'échelle en remettant à plus tard la douleur qui gonflait dans ma bouche. Je me demande s'il n'aurait pas mieux valu que je périsse durant cet hiver-là plutôt que maintenant, dans ce contre-réservoir si paisible et entouré de tant de gens, de Peggy, d'Alan et de tous ceux auxquels je vais gâcher l'après-midi.

Cette fameuse nuit où j'ai pêché du lait, ce sont des crevettes que j'étais venu chercher. La ville entière était battue par le vent et la pluie. Impossible d'avancer à vélo sans être à tout instant emporté de part et d'autre de la chaussée par les rafales cinglantes et salées. Dans les rues, sur le port, pas un chat. Le quai, les cales, les deux phares, les lampadaires et même le vent sonore contre les obstacles, tout ça semblait fait du même bois. Tout ça était fait du même bleu, un bleu d'ardoise luisant, un bleu de corneille et de cétacé, un noir presque.

Devant moi la nuit et sa couvée tout entière disparaissaient comme une lampée de pétrole dans la gorge d'un géant. Attendant d'être moi-même perdu, je voyais s'enfuir le port et ses infrastructures vers un œsophage métaphysique aux abords duquel se précipitaient tout en vrac : goélands, étoiles, granit et tout le mobilier portuaire, dragues, casiers, chaluts, baos, poubelles, et la volée d'épingles glacées qui tenait lieu de pluie à ce décor monochrome, elle aussi, comme tout le reste, rejoignait le grand œsophage avec un empressement incompréhensible. Une mécanique cosmique à la beauté paradoxale, un mouvement débordant de volupté, mais de volupté renversée, la volupté de fidèles se piétinant.

Dans cette obscurité s'avalant et se régurgitant elle-même, dans les coups de vent, je lançais mon carrelet pour la première fois. Je le ramenais doucement tout en marchant le long de la cale comme je l'avais fait tant de fois, lorsque j'aperçus, flottant à une quinzaine de mètres du bord, une boîte blanche. Une chose blanche de la taille d'une boîte à sucre flottait, secouée par le ressac, et coulait de temps à autre emportée par son propre poids à quelques centimètres sous la surface. Balayant du regard l'étendue d'eau noire devant moi, je découvris trois, puis six et enfin onze boîtes comme celle-ci, petites embarcations abandonnées organisées en une étrange constellation mutant au gré des courants du port. Je remontai en hâte puis relançai de toutes mes forces mon carrelet dans la direction de la première boîte de manière à la dépasser et à l'attraper en revenant sur elle. Il fallait que je tire rapide et raide pour que le carrelet ne s'enfonce pas trop et qu'il ratisse la surface au moins jusqu'à la boîte. Mes efforts ne furent pas couronnés de succès mais à la longue, j'étais parvenu malgré tout à rapprocher une des boîtes blanches de l'échelle d'acier qui descendait dans le port. Alors ce fut la chute, les dents, et le froid glacial. Dans mon empressement à rejoindre l'échelle, je ne sais comment j'ai tout de même réussi à saisir la brique de lait et à la remonter avec moi sur le quai. Il y avait du sang par terre qui se trouvait un chemin entre les dalles, du sang sur mes vêtements trempés, du sang partout et nulle part de la douleur. Mon propre sauvetage avait opéré en moi une convergence impérieuse de la vie vers un point unique supérieur. Comme pour se tenir hors de l'eau, toute ma vie semblait avoir trouvé refuge dans mon crâne, à l'endroit le plus haut, pareil au chat qui, pour échapper aux mâchoires d'un molosse, se précipite en haut d'un arbre quitte à ne plus pouvoir en descendre jamais. Cette vie, cette vigie, allez savoir pourquoi je l'acceptais, m'ordonna, quoique de manière confuse, de profiter de ce que j'étais trempé pour aller récupérer les dix autres litres.

Des briques de lait écrémé longue conservation. Du lait UHT dans un emballage parfaitement hermétique. À peine quinze minutes plus tard, les dix autres litres étaient repêchés puis alignés le plus loin possible du bord, au pied d'un lampadaire qui projetait au sol un halo écœurant, une soupe orangée rendant tout monochrome et plat. Je craignais qu'une rafale plus forte que les autres ne rejette mon trésor à l'eau.

Je scrutai alentour, loin sur le port et sur le parking. Je vérifiai dans un élan primitif que le territoire n'abritait pas de prédateurs ou de membres de mon espèce plus forts et plus courageux qui auraient pu prendre ma place auprès du lait. Cela fait, je remballai mon carrelet, chargeai les briques dedans et rentrai dans la pénombre par les rues désertes en marchant à côté de mon vélo. Arrivé à la rue du phare qui relie la rue du port à celle de Kervosez, je m'arrêtai pour fumer. Ce raccourci est une venelle tracée entre les hauts murs d'une poignée de propriétés. Il doit faire un mètre vingt de large et tourne en angle droit à au moins cinq reprises. Le vent ne trouve jamais l'entrée de ce labyrinthe et le silence m'attendait là comme chaque fois. Le froid se faisant moins sentir, je retirai ma canadienne puis j'ôtai mon pull, tâchai de l'essorer au mieux avant de l'enfiler de nouveau sans grand changement. Je remis la canadienne avec difficulté tant j'étais secoué de spasmes et de tremblements. La vie était en train de se redéployer dans mon corps, apportant avec elle de vives douleurs. Je passai ma langue sur mes gencives supérieures, et curieusement je ne me sentis pas dépossédé, pillé, mais au contraire ce nouveau territoire à nu me signifiait l'imminence d'un nouveau départ. Ma langue apprenait en parcourant ces ruines que je ne pourrais aller plus loin dans la souffrance et me le transmettait en même temps que le goût du sang qui inondait ma bouche et que je devais cracher toutes les dix secondes. J'attrapai dans une sacoche de mon vélo le paquet de Camel et la boîte d'allumettes familiale. Après quelques tentatives infructueuses, je saisis un petit fagot d'allumettes entre mes doigts gelés et au bout de deux essais supplémentaires je vis jaillir devant moi un bouquet de flammes dans lequel je plongeai l'extrémité de ma cigarette. À la faveur de cette soudaine clarté je constatai que mes mains étaient rougies et grossies par le froid de l'eau. De minuscules algues étaient collées entre mes doigts. De nombreuses coupures agacées par le sel ne tarderaient pas à me lancer, mais pour le moment je ne sentais rien. Je suis resté là quelques minutes seulement. L'impatience me soulevant le corps, pensant au lait. Je vais arriver à la maison en héros. On se souviendra de moi comme celui des fils qui a rapporté un soir onze litres de lait en parfait état de conservation.

Aujourd'hui je me noie et c'est un goût de végétaux décomposés et de boue que j'ai dans la bouche et non le goût du sang et du sel. Tout laisse à penser que je me trouve au terme d'un long processus d'affadissement. Le même genre de déliquescence m'a fait dévisser de l'océan au lac artificiel et a remplacé mes dents d'ivoire par de prétentieuses copies de porcelaine. Pour mes oreilles, c'est l'aboiement d'un chien inconnu et les cris de baigneurs insouciants qui me tiennent lieu de musique. Ce que je vois ce sont des points et des lignes colorés sur une plage qui est maintenant l'horizon absolu et cruel où se trouvent les membres de mon espèce, lézardant, courant, bondissant ou se tenant debout, les mains calées sur le haut des fesses, pouces vers l'avant, comme des M. Hulot humant la vie sans penser à mal. Ma rétine se jette sur ces lignes et ces taches de couleur sans moins de voracité qu'un mort de faim sur un grain de café. Et non avec cérémonie et patience comme devant le *Segment bleu* de Kandinsky qui me semble avoir été il y a une trentaine d'années la première occurrence, alors en deux dimensions, de ce happening balnéaire devant lequel, cet après-midi, je me retrouve à suffoquer. *La Chute d'Icare* de Chagall, le *Segment bleu* et puis les illustrations de Riou et de Neuville pour *Vingt mille lieues sous les mers*, en particulier ces funérailles sous-marines avec la silhouette recueillie des scaphandriers, Klimt et sa Danaé recevant une pluie d'or… J'ai tant contemplé ces images, si souvent mon regard s'est aventuré en dedans de ces images, durant de longues heures, exactement comme si je m'étais trouvé sous l'effet de quelque médecine des formes, de quelque préparation d'apothicaire Cheval que ces splendeurs auraient versée dans mon regard ouvert comme un canal ouvert. Je les ai tant contemplées, interdit, que s'il n'était pas si évident qu'à vouloir surprendre des signes, tout, absolument tout, pour peu qu'on sache tirer des bords, finit immanquablement par faire signe, je ne pourrais que constater, dans la résolution macabre où je me fourvoie, ce que cette galerie personnelle recelait de valeur prophétique.

Dans le milieu du contre-réservoir de Grosbois, dans le vice caché d'une activité divertissante : nager, je note que je suis en crise.

Vraiment, je me demande s'il n'aurait pas mieux valu que je disparaisse emporté par la marée au large de Dieppe pour réapparaître, aperçu du haut d'un cap, gisant aux pieds des falaises de grès, au bout d'une semaine à servir de pitance aux bigorneaux perceurs plutôt que de m'estomper si douloureusement après des années à courir à la catastrophe, des cailloux plein les chaussures.

Maman, ferme les yeux quelques instants le temps que je mette quelque chose sur la table. Après tu les ouvriras quand je te dirai. Elle a poussé un cri de joie interrompu net à cause de l'heure et de mon père qui dormait, mais ses yeux exprimaient en plein ce que cette vision lui inspirait. Je crois que je ne l'ai jamais vue aussi heureuse et fière que ce soir-là. Je lui ai raconté les circonstances de cette prise en buvant un café dans la cuisine. Je lui ai dit que pour les dents on verrait demain. Je me souviens que nous n'arrivions pas à détacher nos yeux du lait. Nous nous parlions sans nous regarder, nos yeux comme de petites fenêtres où tout le peuple intérieur s'était pressé pour venir voir le lait lui aussi.

Voilà la fameuse nuit où j'ai pêché du lait. J'aurais aussi bien pu y rester. Je connais peu de gens, surtout ici à Metz, qui soient capables de nager tout habillés, avec bottes et canadienne, dans une eau glacée, la moitié des dents au fond d'un port, une brique de lait dans la main ; quoi qu'il soit le plus souvent inutile de se préparer à affronter un jour un si stupide scénario. Enfin je m'en suis sorti. Le plus dur a été d'attendre de nouvelles dents. Au bout de deux ans, j'ai été conduit chez le dentiste par mon professeur de français M. Le Baille, qui n'en pouvait plus de me voir comme ça. Il avait bien fait part à mes parents de l'opportunité que cela serait de m'y emmener eux-mêmes, mais devant leur désintérêt obstiné, il finit par prendre les choses en mains. Je lui en serai éternellement reconnaissant. Rien n'est plus amer que de ne pas oser rire. C'est, et c'est le plus grave, une situation à laquelle on peut s'habituer.

J'arrive maintenant aux circonstances qui conduisirent mon père à engloutir onze litres de lait.

Ce soir-là, le soir de ma pêche miraculeuse, comme d'habitude, j'ai pris le plus de précautions possible en ouvrant et refermant la porte pour ne pas risquer de le réveiller, ne sachant pas ce qu'il restait de vin sous l'évier, et préférant le savoir endormi jusqu'au matin où il serait temps d'aller faire marquer une ou deux bouteilles chez Radar, l'épicerie du centre. Ma mère me fit signe depuis la cuisine qu'il dormait et cela me soulagea tant et si bien que, je ne sais par quel relâchement de mon attention, la moitié des briques de lait me tombèrent des mains dans un boucan terrible que la cage d'escalier, la porte étant restée ouverte, amplifia et fit durer en une réverbération de cathédrale. Je levai la tête vers ma mère qui se demandait bien ce que j'avais là et tous les deux nous restâmes immobiles un instant, le temps que l'écho s'affaiblisse dans les couloirs de l'immeuble et que le son réconfortant du ronflement de mon père reprenne le rôle principal. Le ronflement émergea et avec lui la promesse d'une nuit sans trop d'angoisse. Je déposai sur la table de la cuisine les onze litres de lait et ma mère et moi laissâmes aller ce que nous pûmes de joie. Mais voici ce qui arriva : alors que nous en étions à parler des dents, nous entendîmes le canapé craquer sous lui. La chute du lait l'avait réveillé et le ronflement se disloqua au bout de quelques instants. Il chercha dans sa bouche un peu de salive qu'il rumina afin d'humecter l'intérieur de ses joues. Nous entendîmes le canapé craquer encore. Le temps de remettre les choses en ordre dans son esprit : qui ? Où ? Depuis quand ? Combien restait-il de vin quand je me suis endormi ? Enfin, après qu'il eut inspecté le silence de l'appartement et découvert qu'il était véreux, il entra dans la cuisine. Qu'est-ce que c'est qu'ce bordel nom de Dieu ! C'est Marc, il a trouvé du lait... chuchota ma mère. Du lait ? Qu'est-ce que c'est qu'ce bordel nom de Dieu ! Ben oui il a trouvé du lait UHT dans l'port qui flottait. Fous-moi ça en l'air ! dit-il. Ben non, j'en ai besoin ! T'as besoin d'lait !? Depuis quand t'as besoin d'lait !? Ben pas moi, les enfants ! fit-elle valoir. Fous-moi ça en l'air nom de Dieu ! Ma mère chercha un argument supplémentaire mais ce ne fut qu'un babillage, une œuvre vocale courte mangée par la panique. Il y eut un passage à vide douloureusement tendu puis la silhouette massive de mon père fondit sur nous et une bataille explosa dans la cuisine. Je m'emparai de sa cuisse et parvins à le faire chanceler. Il prit le coin de la gazinière en plein front et se releva furieux et ensanglanté. Puis, ne mesurant pas la portée de ce geste, ma mère lui envoya à la tête une pleine casserole d'eau bouillante qui était là pour le café. Il s'ébroua en hurlant et écrasa ses deux poings puissants sur la table qui s'affaissa d'un coup en éjectant le tiroir de couverts dans un vacarme inoubliable d'armures s'entrechoquant. C'est là que Lucien, le voisin, fit irruption dans l'appartement, entra dans la cuisine et administra un coup de pied violent dans le milieu du dos de mon père qui dégoulina comme du saindoux sur le sol de lino gris. Allongé sur le dos, il écumait. Le bout de ses doigts tremblait, vibrait même. Comme si cinq mille volts se frayaient un chemin dans ses veines. Lucien reparti, ma mère dans un état second était occupée à déverser sur le visage de mon père les litres de lait qu'elle éventrait d'un coup en plongeant la lame d'un couteau au hasard dans les côtés cartonnés. Cela dura jusqu'à ce qu'il n'y ait plus de lait. Puis il fallut appeler les pompiers et mon père fut emmené à l'hôpital. Il ne marcha plus, ne but plus et mourut deux ans plus tard d'un cancer des poumons. Il fallut que j'éponge, j'épongeai et lustrai.

Ce moment que je passai à quatre pattes dans la cuisine à éponger le sol est resté dans ma mémoire non pas, comme la majeure partie de mes souvenirs, sous l'aspect d'une vignette, d'une image fixe, mais sous l'aspect d'une séquence de cinémascope passée en accéléré. Cette accélération est un « truc » que ma mémoire a trouvé pour restituer ce souvenir avec toute l'angoisse que la scène d'origine contenait. C'est la vitesse qui m'effraie. C'est pourquoi je dois produire un effort de concentration pour forcer la séquence à ralentir. Pour ce faire, mon regard pénètre le souvenir et vient se fixer sur la surface du lait, sur l'étendue blanche. Là, en approchant mon visage de la surface, je tente de ne plus rien avoir dans mon champ de vision que la blancheur lactée. Toute échelle disparaissant, la vitesse n'a plus d'effet. La blancheur que je vois alors peut tout à fait être en mouvement, je ne peux m'en rendre compte.

Le lait, si on le regarde bêtement d'au-dessus, comme par exemple lorsqu'il se trouve dans un bol, se présente comme un liquide blanc à peine satiné, d'apparence moins fluide que l'eau. Depuis cet endroit, en surplomb du bol, l'odeur vanillée aux contours subtilement sucrés, qui nous calme exactement comme celle de la pierre chaude l'été contre notre joue, nous ment. Cette odeur nous ment. Il y a ici comme souvent un peu de justice à rendre. En réalité le lait chaud élève des effluves de corps, de vie organique, que la blancheur, depuis longtemps aux ordres de sa symbolique, est parvenue à dissimuler. Or, n'empruntons pas dans notre cheminement analytique ces embranchements fumeux qui veulent que toute blancheur conduise à la notion de pureté et nous admettrons bientôt, sans se passer la rate au court-bouillon, que le lait, pour un nez émancipé, partage avec d'autres substances arrachées aux corps des bêtes l'âcre et lourd fumet de toute sécrétion. Admettons aussi, dès maintenant, au cas où les bonnes dispositions où nous nous trouvons ne seraient que passagères, que le parfum de peuple perdu qu'a la moelle chaude, présentée dans son os scié, en est le suprême exemple.

Voici un autre exemple : le mot « lait », lorsqu'on le prononce, peut aussi désigner le caractère disgracieux d'une chose ou d'un être, eh bien malgré cela, il a l'espièglerie de demander à notre langue de reproduire le délicat mouvement d'un pétale de rose se détachant en silence de sa fleur. Tout cela c'est le lait.

Que le lait m'obsède autant, on ne s'en étonnera pas. Il servit de scénographie à un des événements les plus marquants de ma vie. Mais, par le truchement de la blancheur, il s'est inscrit encore plus durablement en moi après que je fus engagé un triste jour dans une lutte à mort avec un groupe de cygnes.

23

Un beau jour, la faim m'a imposé la décapitation d'un cygne. C'était au bord du lac d'Annecy, pendant l'hiver 1986, au cours d'une virée avec Xavier Lozac'h. Xavier était un gars beau et doué que la vie, en quinze années à peine, avait réussi à vider de toute ambition et de tout espoir. Ses yeux bleus, ses cheveux blonds comme le foin, son visage s'empourprant pour un oui ou pour un non et couvant de bonnes joues pour plus tard, tout ça formait un écueil sur lequel, en une navrante suite, venaient immanquablement s'abîmer les gamines de Dieppe jusqu'à ce que sa réputation déclinante l'oblige à attendre l'été et l'arrivée des collégiennes d'Île-de-France desquelles il ne faisait, à la manière d'un rorqual gueule ouverte sur les nuages de plancton, qu'une unique et longue bouchée qui s'achevait seulement par le retour de septembre et la désertification des plages. N'ayant qu'occasionnellement, qu'accidentellement fréquenté l'école, il parlait une langue saugrenue pour laquelle le français tenait lieu non pas de socle, mais d'horizon. Il ne savait écrire que son nom et lire était pour lui une telle souffrance que toute tentative était inévitablement suivie d'une crise de violence inouïe. Il avait tôt fait de chasser chaque nouvelle humiliation en écrasant son poing sur n'importe quel malheureux se trouvant le premier sur sa route. Le nombre de ses conquêtes constituait le seul critère par lequel il évaluait sa supériorité sur les autres garçons. Je faisais partie de ces autres garçons et, membre de sa cour, en même temps que je bénéficiais de sa protection, je profitais de la luminescence de son charme afin de me faire mieux voir des rares jeunes filles qui ne trouvaient pas grâce à ses yeux. Des poissons-pilotes, voilà ce que nous étions, lui rendant de menus services en échange de gros avantages. Je ne doute pas que son père et sa mère, rivés tout le jour au bec de leur litre cartonné de Carré de vigne, n'aient pu que vaguement le voir grandir. Un été, Maude, arrivant d'Annecy pour les vacances, croisa sa route et, du coup, en tomba éperdument amoureuse. Elle occupa chaque jour de septembre, d'octobre et de novembre suivants à lui écrire de longues lettres enflammées. À de longues phrases mille fois interrompues par de nerveux apartés dont elle seule pouvait apprécier la pertinence, faisaient suite de nouvelles bouffées syntaxiques d'amour outré, gorgées de poncifs et de digressions absurdes, d'accès de verbiage puérils aux contours dadas où fleurissaient les signes d'un désir sexuel ardent ; une logorrhée de laquelle sourdait sa soif de silence, d'étreintes et de pétrification. Xavier le plus souvent était sourd à ce feu d'artifice. Je lui lisais ces lettres puis je l'accompagnais à la cabine téléphonique. Il glissait une pièce, je composais le numéro, ils échangeaient quelques mots puis elle le rappelait quand la communication coupait. C'est le moment que je choisissais pour m'éloigner un peu et attendre de l'autre côté de la rue. J'étais devenu son secrétaire en quelque sorte. Cela me parut du reste tout à fait naturel qu'il me propose de venir avec lui en stop à Annecy, chez Maude, pour les vacances de Pâques. Aidé toutefois par l'évocation furtive de l'existence d'une « cousine » et alors que rien n'indiquait qu'elle se trouvât elle aussi à Annecy, j'acceptai sans hésitation. Il avait été convenu que nous partirions sans crier gare.

Les parents de Xavier étaient deux pauvres ivrognes sans cervelle dont le sort avait été scellé probablement bien avant la naissance. Deux carcasses édentées s'aimant l'un l'autre comme une table ses pieds, dans un rapport disons… de bonne intelligence. Leur appartement était une véritable carie saturée d'effluves pestilentiels qu'il m'était arrivé de traverser une fois ou deux pour aller rejoindre Xavier dans sa chambre, chambre de laquelle je faisais tout pour m'extraire au plus vite, tant, de là aussi, émanait un mélange improbable de molécules inconnues, une brume vomitive capable de vous retourner le corps comme un gant.

Ses parents ne le traitaient pas comme un enfant mais comme leur tuteur ou plus exactement comme leur dealer. C'est lui qui, une fois l'argent du mois épuisé, avait en charge l'approvisionnement en vin de ces deux cadavres embaumés dans de satineux joggings bon marché tout gras de nicotine. C'est lui qui devait se débrouiller pour trouver de quoi payer les six à huit litres de vin quotidiens qui les maintiendraient à l'abri du manque et de ses terrifiantes manifestations. C'est pourquoi, le jour de notre départ pour Annecy, voyant s'enfuir leur unique bouée, les naufragés avaient hurlé comme des chiens-loups. Les coups avaient plu. Le soir même, nous dormions entre deux palettes quelque part dans l'Essonne.

Le lendemain, après une épouvantable nuit, dès cinq heures, nous reprenions la route. Nous atteignîmes Annecy en début d'après-midi sous un soleil d'hiver réconfortant. Le réconfort allait être pour moi de courte durée puisque sitôt retrouvée Maude, Xavier me fit signe de déguerpir gentiment, me laissant entendre que ça n'était que pour quelques heures, après quoi on se retrouverait, le temps pour lui de négocier auprès de Maude que je puisse moi aussi passer la nuit chez elle.

J'apprendrais plus tard que trois mois d'efforts avaient été nécessaires à Maude pour convaincre ses parents d'accueillir un Dieppois et qu'en ajouter un second au dernier moment s'était révélé tout simplement infaisable. Jusqu'au soir j'attendis le retour de Xavier et Maude.

Attends, j'ai quarante francs ! Du jambon, du pain, des clopes, on n'a besoin d'acheter que du jambon, du pain, des clopes ! J'ai quarante francs. Après on est chez Maude, c'est bon tu vois, Xavier m'avait dit : après on est chez Maude, c'est bon tu vois. Mais non, ce n'était pas bon, les quarante francs étaient partis en bières et je n'étais pas chez Maude.

Le beau jour était arrivé où la faim m'imposa la décapitation d'un cygne.

J'affirme que seule une véritable et douloureuse faim, augmentée d'un désœuvrement si total qu'il vous ôte le jugement, peut justifier un crime si difficile à accomplir. Pour mener à bien un si ambitieux projet, peut-être (sûrement) peut-on ajouter que la beauté de l'oiseau, son air supérieur, sa blancheur immaculée sont aussi d'un grand secours pour celui auquel on a inculqué dès le plus jeune âge la haine du bourgeois, le mépris des riches et la défiance envers délicatesse et propreté. Il est certain que la faim seule n'eût pas conduit à une telle issue sans le concours de ce marécage de colère qui me tenait lieu alors de for intérieur. À seize ans, hélas, j'en étais encore à ôter leurs ailes aux mouches.

Voilà que le soir tombait sur l'eau et que le froid, porté par un vent soufflant en rafales syncopées, commençait à me scier la nuque et les reins. Les quelques promeneurs, rares touristes, personnes âgées, collégiens fumant sur le dossier des bancs, annonçaient leurs départs prochains par une inconsciente et presque imperceptible chorégraphie, une sorte d'excitation liée à la chute soudaine de la température, un ballet moléculaire que j'observais depuis le rebord de béton où je me trouvais assis depuis deux trois heures déjà, occupé à capter le plus possible de soleil avant que la nuit ne s'installe partout sur le pays. Les derniers éclats de voix résonnaient à la surface du lac tandis qu'au loin, l'une après l'autre, les fenêtres dans la ville s'allumaient. Puis ce fut au tour des lampadaires municipaux qui entourent le lac. Le halo froid sous chaque ampoule au sodium allait s'élargissant et se réchauffant, passant d'un rose malade à un orangé de forge. Les poubelles gavées dessous les cerclages de métal se balançaient sous les rafales et les moineaux regagnaient les bosquets avec difficulté cependant que sous l'effet des bourrasques, apparaissait le blanc au revers de leur feuillage. J'allais devoir passer la nuit dehors. Plus tôt, dans l'après-midi, le lac m'avait semblé beau et calme sous le ciel blanc. Maintenant, avec l'angoisse qui montait, les formes semblaient se crisper. Ce qui avait été insignifiant était désormais énorme devant mes yeux. Tel panneau et son chien biffé d'une croix rouge, tel creux dans le bitume, la poubelle et le rebord en béton sur lequel j'avais passé les trois ou quatre heures précédentes, tout m'était soudain insupportable. Je savais que je n'allais pas dormir avant longtemps. À cause du froid d'abord mais aussi à cause de la faim. L'avant-veille, j'avais avalé une baguette de pain entière en trois ou quatre minutes. Hélas deux heures plus tard cette baguette n'avait laissé à sa place dans mon ventre qu'une faim encore plus désagréable, un rejeton de plus en plus capricieux dont il ne m'arrivait d'oublier l'existence qu'à la faveur d'une rêverie plus soutenue que les autres. Cela faisait maintenant quarante-huit heures que je n'avais rien avalé et je sentais monter en moi, en même temps que la faim, une sorte consacrée de colère. Une colère suggérée par l'estomac, une colère de prédateur. Le peu de colère nécessaire à tuer dissimulé par l'homme dans les aspects sportifs de la chasse. Une colère sécrétant le courage d'agir à la vue d'une proie. Une colère supplantant la justice à l'instant de nuire. À mesure que cette colère m'envahissait, gagnait mes dernières phalanges, une combinaison inédite de témérité et de convoitise féline me rendit le spectacle de quelques cygnes levant leur cou dans la pénombre afin d'y faire descendre je ne sais quoi de bon pour leur santé, insupportable. Après tout, ne suis-je pas le roi des animaux ? Et il faudrait que je sois le seul à jeûner ? La décision s'imposa à moi d'en attraper un puis de le tuer, de lui couper la tête, de le plumer, de le vider, de le rôtir, puis enfin de le manger. Aussitôt ne comptèrent plus que la stratégie, les moyens et les objectifs.

Un instant pourtant je me dis qu'un canard eût été plus approprié. Plus petit, je l'aurais mangé entier et me serais ainsi trouvé en meilleure posture devant les remords qui ne manqueraient pas, je le pressentais, de venir m'accabler. En plus de ce qu'un canard est tout de même un mets plus courant sur les tables de fête. Or c'est bien à une fête que je me prépare. Une fête d'un genre assez macabre. D'un cygne, il me faudrait abandonner les trois quarts, et ces trois quarts abandonnés me pèseraient sur la conscience. Mais pour ma défense, aucun canard ne croisait ce soir-là dans les eaux soumises à ma surveillance. Et puis je ne m'appesantis pas sur ces jérémiades en faux indien plus que nécessaire.

Après m'être procuré une rame sur une des barques de promenade amarrées plus loin, je récupérai et mis dans un sac plastique une dizaine de morceaux de pain qui flottaient çà et là. D'abord, à l'aide du pain, j'attirai les cygnes sous une cloche formée par les branches lourdes d'une poignée de saules que la lumière des lampadaires ne parvenait à percer que par endroits seulement en déposant sur le sol poussiéreux et sur l'eau noire une variété de parallélogrammes orangés. Un à un ils arrivèrent. Une à une les silencieuses masses blanches apparurent devant moi et peu à peu ma chapelle de verdure se mua en une discothèque infernale. Le silence y était aussi assourdissant qu'une sono poussée à son maximum. Maintenant, les masses blanches exécutaient devant moi une très ancienne danse de cour, tournant sur elles-mêmes, se croisant dans les faisceaux orangés. Je lançais mes morceaux de pain. Leurs cous, comme des bras, patiemment, prenaient la pose. Puis tout recommençait à nouveau. Je me sentis soudain effrayé, tout petit et minable d'avoir pu ourdir un plan si machiavélique. Mais à mesure que la peur et la honte montaient en moi, la faim et l'image de volaille rôtie, que pour me donner le courage nécessaire je convoquais dans mon esprit depuis une heure, chauffèrent à blanc ma détermination.

Aujourd'hui, depuis le contre-réservoir où je m'évertue à demeurer vivant contre tout bon sens, alors que je suis, pour mieux le dire, déjà mort, il me paraît clair que je n'ai pas volé mon actuel engloutissement et que celui-ci, pour présenter, comparé à celui réservé il y a trente ans à un pauvre cygne du lac d'Annecy, toutes les apparences d'un simple divertissement, n'en aura pas moins sur ma vie d'aussi incommodantes conséquences. Je ne m'appuie plus que sur un grumeau de peur qui me parcourt le sang et duquel j'attends qu'il me travaille les nerfs assez pour me dépêtrer. Et pourtant, pas moins bien qu'une paire de chaussures en plomb ne le ferait, ce grumeau m'emporte droit vers le fond. Je n'ai donc plus de moyens, je suis tout seul avec l'eau mortelle. Plus rien dans les bras, plus rien dans les jambes. Non pas que j'aie un jour été costaud et valeureux, mais l'urgence et la panique, lorsque j'étais plus jeune, se mélangeaient si bien avec la vie qu'il me semblait que j'étais animé par la force des choses, comme une roue dentée au milieu d'une forêt de roues dentées de toutes tailles. Une forêt de roues dentées dont le mouvement devait conduire, un certain jour, à la mort d'un cygne.

Le premier coup partit alors qu'un des cygnes, la tête sous l'eau, tentait de reprendre le morceau qui lui avait échappé et qui coulait lentement. La rame fit un bruit de lame en fendant l'air. Mon épaule craqua et avant que le coup ne porte, une douleur vive m'arracha un cri que je transformai par instinct en un hurlement guerrier. Le choc brisa le cou de la bête qui ne put remonter la tête hors de l'eau qu'au prix de contorsions pitoyables. Lorsque j'armai la rame pour ce que je croyais être l'ultime assaut et avant qu'elle ne fût au-dessus de moi, tous les autres cygnes m'avaient foncé dessus et dans un vacarme paralysant me mordaient et me piquaient les jambes et le ventre en battant des ailes si fort que j'en sentis le vent sur mes joues. Bien qu'ayant établi les bases du déroulement idéal nécessaire à l'aboutissement de mon forfait, les réactions inattendues des palmipèdes, la vitesse de leurs déplacements, leurs vociférations aussi, qui me glacèrent le sang, m'acculèrent à l'improvisation et augmentèrent considérablement la sauvagerie de mes gestes. Maintenant, chaque coup porté se devait d'être fatal à l'animal. Mon seul objectif au fil de la bataille était devenu le suivant : faire taire ces gros oiseaux avant de me faire repérer et surtout avant de changer d'avis, terrifié que j'étais par les cris abominables qui sortaient de la gorge de ces gracieuses créatures que je n'avais jusqu'alors jamais appréciées selon les critères de mon estomac mais seulement, comme la plupart d'entre nous, considérées comme étant aux lacs ce que le lion est à la savane, un animal sacré, la réincarnation sans doute de quelque dieu bienfaiteur. Faire taire ces choses hurlantes et s'en aller ! Le plus urgent n'était plus de manger mais d'arrêter ces hurlements effroyables. J'abattis une troisième fois la rame sur le cou du cygne déjà mal en point et poursuivis en la faisant tourner autour de moi afin de me dégager de ce tutu vivant qui me dévorait les hanches comme un banc de piranhas ne l'eût pas mieux fait. Trouvant une issue dans le cercle palmé, le cœur prêt à exploser, les mains et les jambes tremblantes, je m'enfuis pour gagner en hâte, et autant que possible dans la pénombre, les rues froides et désertes d'Annecy où une autre mais semblable armée de lampadaires déversait son sirop d'orange. Tâchant de n'avoir l'air de rien je marchai une bonne heure en ralentissant devant les restaurants et les bars. À trois ou quatre reprises je crus apercevoir Xavier. Chaque fois la déception venait interrompre le flux incontrôlé des images d'horreur qui embrouillaient mon cerveau, puis, rapidement, les séquences de lutte reprenaient. J'étais de nouveau parmi les cygnes hurlants.

Vers minuit, gêné de passer seul devant les mêmes vitrines pour la quatrième fois, je regagnai le bord du lac. Le froid venait d'entamer la seconde phase de son grand œuvre nocturne. La faim qui avait lâché prise reprenait déjà son travail démoralisant. Au bout de vingt minutes de marche au-delà du lac, cherchant un endroit où passer la nuit, je tombai sur une sorte de parking d'entreprise entouré de hauts grillages mais dont le portail principal était grand ouvert. Des véhicules utilitaires, une guérite décatie, dans un des angles un amas de ferraille : tuyaux de chauffe-eau, tôles et grillage en rouleaux. J'entrai et confectionnai une vague cabane à l'aide des morceaux de tôle et de grillage. Le métal carillonna rauque entre mes mains. Je m'arrêtai un instant pour écouter le silence de la nuit et pour m'assurer que personne ne réagissait alentour, puis repris le plus discrètement possible mes travaux d'architecte, les doigts gelés et le ventre de plus en plus creux. Enfin, n'en pouvant plus, j'allumai un feu. Dès les premières lueurs et avant même d'avoir été gagné par le moindre degré, la vue du feu me mit les jambes en marche et je courus jusqu'au lac, gagnai la cloche de saules, et sortis de l'eau un cygne d'environ quinze kilos au cou formant un angle droit. Je le lui avais brisé à deux endroits. Le cygne s'était noyé et avait flotté là toute la soirée. Tout le temps que j'avais passé à chercher Xavier en ville, les mains bleuies en boule au fond des poches, le cygne avait flotté là, passant lentement d'un parallélogramme à l'autre puis revenant à sa position initiale au gré des lambeaux de vent qui trouvaient de temps en temps une passe entre les branches. Son cou enfoncé dans l'eau semblait une tige cherchant le fond où prendre racine. On eût dit une offrande, un bouquet de fleurs blanches lancé à l'eau le matin, retrouvé le soir après une journée de dérive cérémonieuse.

Plus loin, à l'abri des regards, dans une tranchée ouvrant la route bitumée, exactement sous la tractopelle qui l'enjambait, je plumai, décapitai, vidai et découpai le cygne. Je n'emporterai avec moi qu'une escalope, une escalope d'un kilo tout de même suffirait, me dis-je, et puis si on me surprenait dans mon parking à cause du feu, le lien avec le cygne ne serait pas aisé à établir.

Je repris le chemin du parking, l'escalope sanguinolente enfournée dans le sac plastique qui m'avait servi pour le pain, le tout glissé dans mon blouson contre mes côtes. Lorsque j'arrivai enfin, le feu s'était éteint. Je déposai mon escalope sur un coin de tôle et fis repartir le feu en un instant. Deux minutes à peine après que je l'eus réamorcé, le feu était haut. Sa chaleur me calma rapidement. Je mis la viande à cuire et allumai une de mes dernières cigarettes. Je dus me retenir à deux mains pour ne pas me jeter sur la viande encore crue dans les flammes. Enfin, je retirai l'escalope de cygne du feu puis, soulevant les lèvres pour ne pas me brûler, j'arrachai non sans mal ma toute première bouchée de cygne grillé. Elle se révéla d'abord prodigieusement goûteuse. Puis, à mesure que je la mâchais, la viande se mit à distiller des parfums rares de vase et d'ordure. Pour calmer ma faim et pouvoir dormir, j'en avalai pourtant trois ou quatre cents grammes. Je ne pus aller plus loin. Je me calai au mieux dans mon abri de ferraille et m'endormis à bout, vraiment à bout de forces.

Je le sais depuis : le cygne est immangeable. Le cygne est pourri de l'intérieur. Le cygne a un goût de merde et de vase. Sa robe immaculée est un piège à cons. Sa majesté est bâtie sur une fosse septique. Son cou n'est qu'un vulgaire égout. Il flotte et glisse sur la surface des lacs exactement comme le ferait n'importe quel étron, voilà la vérité.

Il faut admettre que ce repas impromptu, cette danse macabre d'un adolescent et d'un palmipède, ne fut rien qu'une manifestation tragique supplémentaire de la lutte des classes. En prétextant la faim, qui aurait pu trouver un moyen moins violent de se voir assouvie, je réalisai un devoir de classe : en finir avec un seigneur. Mandrin sans horde et sans éloquence je m'étais acquitté tout de même d'une tâche inhérente à mon rang : en finir avec un seigneur.

Dès lors je n'eus plus le moindre ressentiment à l'égard des puissants ou prétendus tels ; je ne me fis plus aucune illusion sur la condition particulière des nantis, auxquels il était évident que s'appliquaient les mêmes règles qu'aux misérables pour ce qui est de l'implacable nécessité de mourir.

N'ayant pas envie que je lui colle aux basques alors qu'il filait le grand amour avec Maude et redoutant que je vienne faire chanceler par quelques révélations inopportunes les nombreux mensonges qu'il avait dû lui faire afin de la séduire vraiment à fond, Xavier fut très dur avec moi le lendemain et je dus repartir seul à Dieppe avec dix francs qu'il me donna non sans que je dusse l'implorer à m'en dégoûter. Je ne l'ai plus jamais revu.

24

Comme l'ensemble des mammifères femelles tels que vache, brebis, chèvre, chamelle, jument, bufflonne, renne, yack, dromadaire et lama, la louve produit son propre lait dans le but suprême de nourrir sa progéniture. Chez ces mammifères terriens, qui ne portent pas d'œufs, le lait est produit par des cellules sécrétrices contenues dans les mamelles. C'est à ces mamelles que se pressent, à peine sortis du ventre de leur mère, les petits aux gestes mal assurés qu'un indéchiffrable instinct conduit. Ils absorberont le lait en prenant dans leur bouche l'extrémité de la mamelle, le mamelon. Dans certaines sociétés humaines, le lait produit par d'autres mammifères peut être utilisé pour nourrir et faire grandir les enfants. Dans de nombreuses régions du monde, le lait de vache est particulièrement apprécié en substitut du lait de femme et apporte en effet une alimentation parfaitement adaptée aux besoins du nourrisson. Il est fort heureux au demeurant qu'un tel recours soit possible car il est de nombreux récits dans lesquels de jeunes enfants, parfois même des nourrissons, se trouvant séparés de leur mère par toutes sortes de circonstances, ne doivent leur salut qu'au fait d'avoir pu trouver assez tôt dans le vaste monde plein de dangers une mamelle étrangère où soulager leur faim. Il est en outre merveilleux de voir comment la femelle d'une espèce, voyant arriver les petits d'une autre, se pose sur un flanc sans attendre rien, et offre ses moyens aux créatures suppliantes. Les petits, une fois seulement que le lait ne veut plus entrer dans leur gueule et qu'il commence à se gaspiller dans leur cou, relèvent la tête. Qu'il s'agisse d'une vache, alors ils seront des veaux. S'agit-il d'une louve, ils seront des loups. Il n'est donc pas étonnant que ce fameux soir où l'eau polluée du port mit ce lait à ma disposition, je sois devenu moi-même à la fois l'eau polluée, le port, la pluie, et le quai, et la nuit, et que je me sois senti soulevé vers une sorte de résurrection, j'étais à téter au monde même, mes deux dents de devant ayant sauté comme pour mieux me le permettre encore, plein de gratitude, tout comme Remus et Romulus dessous la louve, accumulant des forces pour les travaux de vengeance et de gloire dans la plus innocente des étreintes.

Si l'on en juge par l'ampleur des forces déployées et l'adresse incommensurable que demanda l'édification de Rome, il faut admettre que le lait de louve, qui donna à Romulus son incroyable détermination, est le plus performant des substituts. Hélas, bien que je puisse m'enorgueillir d'avoir été dans mon enfance, tout comme eux, sauvé des eaux, pour ma part, mon carnet de santé en atteste, je fus élevé au lait de vache. De là vient sûrement que je ne bâtis pas Rome, loin de là. Je ne bâtis rien de plus qu'une place fragile dans cette petite famille messine, si loin de la mer. C'est d'ailleurs parce que l'Océan me manque tant que nous avons pris l'habitude de venir ici, au contre-réservoir de Grosbois, à chaque fois que nous prenons la route pour Clermont. Deux fois par an : l'été et à Noël. C'est assez cruel pour moi. Quelques centaines de mètres carrés d'eau morne. Modeste consolation. C'est exactement comme si je me trouvais face au monde et qu'il m'était défendu de me lancer en avant et d'y courir. Voilà des années que je regarde le monde comme un merveilleux endroit auquel je n'ai plus accès.

Pourtant, le contre-réservoir de Grosbois, c'est aussi le monde. Bien que, le considérant depuis le faîte de mes aspirations ensevelies, il n'en soit que la périphérie. Il ne faut pour autant pas en être accablé car au fil des ans, cette périphérie est devenue, au bout de maints accommodements, mon lieu naturel de vie, l'endroit où j'ai rebâti les conditions nécessaires à l'avènement du plaisir, à l'entretien de la curiosité, un monde dans le monde, qui le singe avec tant d'invention et de virtuosité qu'il m'aura été le plus clair du temps impossible de les différencier. Il en est probablement de même pour chacun, en diverses proportions certainement.

Je me dis : on fait un emploi bien modeste de cette excursion dans le vivant. Dans ce clafoutis. Je sais qu'il est bien tard et je perçois le ridicule qu'il y a à réagir au dernier moment, mais maintenant je veux courir et sauter en tous sens, me répandre en logorrhées par les vallons et dans les villes, je veux tenir salon derrière des monuments, je veux boire et manger éperdument, je veux fuir par l'œil d'une tempête tropicale, n'être jamais plus d'une heure sans embrasser tendrement chaque partie du corps d'une femme, je veux voir les arbres d'au-dessus, mettre ma tête dans la gueule d'un fauve, me rouler dans le raisin avec des Chinoises, dormir dans un hamac accroché contre une falaise et puis serrer dans mes bras des chiens, des poules, des cochons, mettre sous ma chemise des hiboux et des sternes, je veux voir plus souvent les loutres, je veux me tenir contre les orques sous la glace polaire dans une combinaison de plongeur après quoi je veux revenir vers une femme qui se trouverait au bout d'une rue et l'embrasser longuement après quoi je veux revenir vers une femme qui se trouverait assise par terre au milieu d'un lieu et l'embrasser longuement après quoi je veux revenir vers une femme qui se trouverait à bord d'un train et l'embrasser longuement après quoi je veux revenir vers une femme qui se trouverait dans un autre train et l'embrasser longuement, également.

Je veux qu'il n'y ait pas de délai entre mes désirs et leur assouvissement pour la simple raison que c'est précisément dans cet espace que tout au long de mon existence, par crainte de ne se voir pas assouvis, ces désirs pourrissant sur pied ont distillé leur venin, lequel a tout gagné par simple tropisme suivant les principes dictés par la mécanique des fluides. Et c'est encore à cette mécanique des fluides qu'il faut que je tienne tête dans ma célèbre noyade. Mes muscles sont las depuis longtemps, je ne peux presque plus tenir ma bouche hors de l'eau. Mes pauvres petits muscles sont vidés. Le mouvement. Il ne reste de moi qu'un désir de mouvement. Si je suis sauvé, ce qui ne peut être envisagé que par l'intercession de conditions impossibles à réunir, vu le point critique où je suis, je réintégrerai cette somme de muscles agitant ce qu'elle peut de corps et tous ensemble nous irons nous payer une glace à la baraque Miko que je vois entre deux immersions de plus en plus longues de mon visage, entourée de parasols bleus et blancs.

25

Aujourd'hui je me noie. Il ne s'agit pas d'une allégorie, je me noie dans l'eau verte d'un lac artificiel situé dans les environs de Dijon. Précisément je me noie dans le contre-réservoir de Grosbois. Le récit exact de ce qu'auront été les quinze derniers jours de ma vie n'apporterait aucun éclairage sur les circonstances de ma noyade. Je suis entré volontairement dans l'eau, je sais assez bien nager et ne suis sous l'empire de rien du tout, d'aucun état de quoi que ce soit. Il s'agit d'une crampe, une violente crampe à l'arrière de la cuisse. Aucun enchaînement fatidique derrière tout ça. Comme chaque fois, une série d'événements hétéroclites ne laissant pas davantage une impression de chaos que d'harmonie a rempli les deux dernières semaines de mon existence. Nul signe d'une quelconque destinée inscrit dans ces deux semaines, pas plus de causalité que d'ordinaire.

La même suite d'activités aurait tout aussi bien pu me conduire à tondre une pelouse, renverser un smoothie ou me faire mordre par un âne.

Je me demande s'il n'aurait pas mieux valu que je périsse durant cet hiver 1986 dans le port de Dieppe, cette fameuse nuit où j'ai pêché du lait, plutôt que de venir jusqu'au contre-réservoir de Grosbois me garnir les poumons d'eau douce.

Toutes ces années je les ai passées à me tenir à distance de la vie. Sans doute ai-je voulu inspirer la pitié. Comme un chien errant emboîte le pas d'un passant au hasard et tâche de se faire passer pour son chien, tout comme un chien fait semblant d'avoir un maître, j'ai feint d'avoir une vie et cela a été ma vie. C'est ce que j'ai pu faire, je n'ai rien pu faire d'autre. J'ai tant redouté de mourir et si souvent fait le compte des jours perdus, dilapidés dans l'appréhension, où cela n'advenait pas, que devant cette dépense folle j'ai souhaité que cela vienne au plus vite.

26

Un requin arrive au bord d'une zone de baignade, son aileron saillant sonne le glas. Sa mâchoire est déjà près de notre jambe. Elle devance l'aileron. La mâchoire du requin, suivant l'ordre des choses, devance son aileron. Le danger devance le signal du danger. Le requin porte dans son fuselage ma leçon. J'ai guetté les signes et tout faisait signe, tout s'est bientôt mis à faire signe. Je me suis retrouvé dans un réseau de pièges, un champ de mines, un labyrinthe carnivore. J'ai traversé en conversant des parcs constellés de trappes et je devais n'en rien laisser voir à mes interlocuteurs. Il fallait avoir l'air de se promener. Et puis, au bout, le contre-réservoir et la crampe fatidique. Maintenant que je sais quel sort m'aura été réservé, je voudrais recommencer depuis le début ; n'était cet épisode sordide de mes dents dans le port et de mon sang coulant entre les dalles ; et de l'îlot de lait sur le lino gris.

La cour était fraîche encore ce matin quand nous sommes sortis. De là nous avons pris la route vers Clermont et le contre-réservoir de Grosbois, pensant y trouver de l'air.

27

Maintenant c'est la pluie qui tombe sur les environs du contre-réservoir. On m'a oublié. Personne ne regarde dans ma direction. Seuls Peggy et Alan sont restés sur le sable, leur peau baignée de soleil. Leurs rires, j'entends leurs rires. Un été grand comme un salon les entoure. Partout ailleurs il pleut à verse, et partout ailleurs on range les affaires et on court. Peggy et Alan sont dans un carré de lumière et semblent ne rien voir de cette agitation soudaine autour d'eux. Quel prodige, comme je les aime. Ils continuent d'être paisiblement à la plage du contre-réservoir, ils continuent comme si rien ne se passait. Ils continuent comme en plein été, comme si papa ne se noyait pas. Il faut dire que j'ai arrêté depuis longtemps d'agiter les bras vers eux. J'arrive sans doute au faîte de mon naufrage. Je vais me noyant, je vais ma tragédie.

Fin des ressources, arrêt des efforts, inauguration de l'engloutissement, formation d'un archipel de chocs, complet abîmement, dans l'ordre.

28

Il y a du vivant dans le contre-réservoir : la faune et la flore des lacs français. De nombreuses espèces de poissons fréquentent le contre-réservoir : poissons blancs, truites et lavarets. En profondeur, en surface. Les pêcheurs du lac et le canard colvert sont visibles l'hiver aux abords du contre-réservoir. L'année dernière, cette année, l'année prochaine et toutes les autres années.

DU MÊME AUTEUR

Aux Éditions P.O.L

REQUIN, 2015 (Folio n° 6185)

Tous les papiers utilisés pour les ouvrages
des collections Folio sont certifiés
et proviennent de forêts gérées durablement.

Composition Nord Compo
Impression Novoprint
à Barcelone, le 19 janvier 2023
Dépôt légal : janvier 2023
1er dépôt légal dans la collection : septembre 2016

ISBN 978-2-07-079353-2 / Imprimé en Espagne

593808